M000232796

Oraciones y *reflexiones*

Orando la voluntad de Dios

Editado por
Michel Alexander Galeano
y Cristopher Garrido

B&H
LIBROS

NASHVILLE, TENNESSEE

B&H Publishing Group
Nashville, TN 37234

Clasificación Decimal Dewey: 242.2
Clasifíquese: Oraciones \ Literatura Devocional \ Meditaciones

ISBN: 978-1-4336-4954-7

Impreso en EE. UU.
1 2 3 4 5 * 20 19 18 17

CONTENIDO

CÓMO USAR ESTE RECURSO

Nuestro deseo es animarte a que uses estos modelos de oración para enriquecer tu vida de oración con Dios. No es nuestra intención que simplemente repitas estas oraciones. Por el contrario, es nuestro deseo que ellas te sirvan de inspiración y como un medio para que puedas profundizar en tus propias oraciones. Estas son tan solo modelos que buscan ayudar al cristiano a crecer en su entendimiento de quién es Dios, lo que Él dice en Su Palabra en cuanto a la oración y la forma en que podemos presentarnos delante de Él con libertad y entendimiento.

El libro está dividido en dos partes que buscan animarte a conocer más a Dios por medio de tu conversación con Él. En la primera parte analizamos el significado y la práctica de la oración:

- En el primer capítulo encontrarás una breve explicación de la oración como una disciplina o práctica que lleva a un deleite mayor en Dios.
- El segundo capítulo analiza la oración modelo de Jesús, comúnmente conocido como el Padrenuestro, para que nos sirva como base para las demás oraciones presentadas en las siguientes secciones.

En la segunda parte te presentaremos oraciones modelo que ilustran cómo orar con base en fuentes de inspiración, temas y las diversas circunstancias de la vida.

- En el tercer capítulo encontrarás modelos de oración que muestran la grandeza del SEÑOR. Son oraciones que han sido tomadas de la Escritura o que se basan en ella. No hay nada que nos ayude más en nuestra oración que saber quién es el Dios al que nos acercamos.

- El cuarto capítulo nos anima a ver al Dios Todopoderoso como Aquel que escucha nuestra oración para que confiemos en Él.

- El quinto capítulo nos enseña que, dado que Dios es Todopoderoso y Aquel que escucha las oraciones, te invita a presentarle tus súplicas porque Él es un buen y misericordioso SEÑOR.

- En el sexto encontrarás modelos de oración: ¿Cómo pedir y qué pedir? En esta sección encontrarás oraciones para diferentes situaciones, temas y personas.

- Y, por último, en el séptimo capítulo te animamos a que ores las palabras mismas de la Biblia. Para saber cómo orar conforme a la voluntad de Dios hay que conocerlo mejor, y el recurso más adecuado para lograr esto es Su Palabra.

Es nuestro deseo que todo aquel que use estos modelos de oración, pueda progresar en su propia oración. Que Dios permita y use estos modelos para fortalecer la vida de oración de Su iglesia. Que el Señor nos dé gozo al desarrollar esta disciplina de la oración para Su gloria, el deleite y el bien de Su iglesia.

Además de los editores que contribuimos a esta obra, quisimos que este recurso cuente con contribuciones de pastores, líderes y cristianos de diversos contextos y etapas de la vida y la fe. Las contribuciones que no son nuestras, llevan el nombre de su autor incluido debajo del título. Creemos que esto enriquecerá tu vida de oración al escuchar el corazón de estos hermanos hablando con su Dios en oración.

INTRODUCCIÓN:

EL DIOS A QUIEN ORAMOS

¡Qué bueno que hayas tomado este libro! Esperamos que te pueda guiar a aprender más de la oración y que puedas tú mismo caminar y conversar con el Señor. Podríamos preguntarnos: «¿Quién no necesita crecer en su conversación con Dios?» Todos necesitamos crecer en nuestra conversación con Dios, pero para eso debemos saber quién es Él y cómo se relaciona con nosotros. Para poder conversar con cualquier persona, lo primero que necesitamos saber es quién es esa persona, cuál es su nombre y conocer algo de ella. Luego, necesitamos saber dónde encontrarla. De eso hablaremos más adelante.

Ante la grandeza de Dios, algunos se preguntan: «¿Cómo puede ser que Dios hable conmigo? Ese Dios que es Todopoderoso, Soberano, Inmortal, Infinito, Sabio y mucho más. ¿Qué Él hable conmigo?» Pues la respuesta es «¡Sí!» Él desea hablarte y escucharte, de verdad que Dios quiere tener relación con Sus criaturas humanas, y para eso ha establecido un camino a través de Jesucristo, Su Hijo, para que las personas puedan llegar a Él. Cuando entendemos la grandeza de Dios y Su misericordia, nos damos cuenta de la bendición que es poder acercarnos a Él en oración.

Los cristianos creemos que Dios es el creador y el facilitador de la oración. ¿Por qué lo sabemos? Porque cuando leemos la Biblia, encontramos que los diferentes personajes bíblicos se comunicaban con Dios y lo expresaban con palabras como orar, clamar, suplicar, rogar, invocar, llamar o pedir. Como ves, cada una de estas palabras tiene diferente intensidad emocional, pero todas tienen el propósito de mostrar esa misma intención de comunicarse con el Señor. Esto hace que la oración sea una expresión multiforme de un corazón en búsqueda de Dios, quien quiere comunicarse con Sus hijos.

Esto lo vemos desde el inicio de la creación. En el principio de la historia humana, Adán y Eva tenían *comunión* con Dios. El Señor les hablaba y ellos lo escuchaban (Gén. 1:26-30). Pero cuando Adán y Eva desobedecieron al Señor y pecaron, se escondieron de Dios y dejaron de comunicarse con Él. Lo que para ellos era normal antes de desobedecerle, ahora les causaba temor. El solo pensar en la presencia de Dios o en la *comunión* con Él los atemorizaba (Gén. 3:1-8).

Adán y Eva disfrutaron de la gloria de Dios de una manera única antes de que el pecado los separara de su Creador. Sin embargo, la historia de la Biblia no acaba allí con una gran desgracia. La Biblia es el relato del plan de Dios que viene a buscar a Sus criaturas para devolverles la comunión que habían perdido con Él. Por eso, cuando leemos cómo continúa la historia redentora de Dios, vemos que el Señor ha prometido salvar a Su pueblo por medio de la llegada al mundo de Jesucristo. Esto quiere decir que, aunque la humanidad fue separada de su comunión con Dios, Él ya había planeado restaurar la comunión con Su pueblo. Dios no quiere que los suyos dejen de percibir Su grandeza, Su santidad, la belleza de Su carácter. A todo esto y más en la Biblia se lo conoce con el nombre de «gloria». Nuestro Dios ha diseñado la forma de comunicar Su gloria a seres capaces de conocerlo y adorarlo, pero que primero requieren ser salvados de su propia condición de desobediencia y separación de Dios.

Por ejemplo, vemos que la gloria de Dios se muestra en la creación, pero también vemos que, cuando el pueblo de Israel fue liberado de Egipto, en lo que se conoce como el Éxodo, cierta gloria personal de Dios solo pudo ser vista específicamente por Moisés. No obstante, la historia redentora de Dios para manifestar Su gloria no era solo para que algunos como Moisés la vieran, sino para que el Señor (a través de lo que los evangelios en el Nuevo Testamento de la Biblia señalan como la obra de Cristo), quien murió en lugar de pecadores como nosotros en la cruz, permitiera el establecimiento de un nuevo pacto entre los redimidos y su Señor. Esto nos muestra que, en todos aquellos que han sido salvados por Cristo, el Espíritu Santo quitó el velo de su corazón para que puedan ver la gloria de Dios (2 Cor. 3:12-18; 4:1-6).

En la Biblia encontramos muchas oraciones en donde el Señor se comunica con Su pueblo. Dios se da a conocer como el Único que escucha y responde las oraciones de Su pueblo. Cuando analizamos la oración en el Antiguo Testamento, vemos que Dios tiene como propósito no solo responder a una petición, sino también mostrar Su carácter y la grandeza de Su nombre. La oración no es solo la entrega de una dádiva, sino también la oportunidad de conocer mejor al dador de esa dádiva. En otras palabras, Dios busca comunión con Su pueblo y responde a las oraciones para ser visto como glorioso, poderoso y también misericordioso y compasivo.

Cuando vamos al Nuevo Testamento, la oración se centra en la obra que el Señor puede hacer a través de Jesucristo. Cuando oramos en el nombre de Jesús, el nombre y el carácter de Dios se manifiestan, y brindan salvación por medio del Espíritu Santo. Entonces, la oración se muestra en el Antiguo Testamento como un medio para conocer a Dios personalmente, pero, mientras la historia redentora va progresando hasta el Nuevo Testamento, vemos que ahora Dios es conocido porque se ha revelado perfectamente en Su Hijo, Jesucristo.

Tal como comenta E. P. Clowney: «El Señor mismo ha venido

a consumar la revelación del Antiguo Testamento. La deidad completa y la verdadera humanidad de Jesucristo cumplen las promesas de Dios de Su venida y la del Siervo del Señor. La oración primaria del pueblo de Dios en el antiguo pacto ha sido contestada: Dios ha venido en persona».[1] Por lo tanto, el llamado a orar como comunidad del nuevo pacto es diferente al del antiguo pacto porque ahora oramos en el nombre de Jesús.

Lo que queremos decir es que ahora oramos con la mirada en el nombre de Jesús, quien es nuestro mediador ante el Padre y quien ha comprado con Su sangre todas las promesas del Padre para con Su iglesia. Oramos confiados en que Dios nos escucha por Cristo, y venimos con gozo y esperanza porque no estamos solos, sino que el Espíritu Santo ora con y por nosotros.

[1] Clowney, E.P., «Prayer», en *New Dictionary of Biblical Theology*. Ed. por T. Desmond Alexander and Brian S. Rosner (Westmont: InterVarsity Press, 2000), 654.

PARTE I

EL FUNDAMENTO

CAPÍTULO I:

LA DISCIPLINA Y EL DELEITE DE LA ORACIÓN

Muchas veces hemos escuchado decir a las personas lo siguiente: «Sí, ya sé que tengo que orar. Sé que debo hablar con Dios, pero la verdad que es muy difícil. No sé cómo hacerlo. A veces siento que estoy repitiendo las mismas palabras; o, cuando en realidad estoy tratando de orar, mi mente está pensando en otras cosas. He intentado de todo, oro de pie, sentado o caminando, pero no encuentro la constancia en la oración. Ya no sé qué hacer».

Es posible que te identifiques con esas palabras porque muchos de nosotros deseamos orar, pero la realidad es que nos cuesta. Puede sonar paradójico, pero una de nuestras metas para este año es crecer en la disciplina y el deleite de la oración. ¿La oración como disciplina y deleite? ¡Sí! Es ambas y te vamos a explicar por qué a continuación.

No hay duda de que la oración es algo que cuesta, es decir, que hay que esforzarse para que no sea algo meramente anecdótico en nuestra vida. Es posible que lo que ha estado fallando es que vemos la oración solamente como una tarea o una obligación que cumplir.

La palabra «disciplina» no está relacionada con «castigo», sino con alcanzar la excelencia a través de una práctica constante. Por eso queremos darle un brillo especial a la disciplina en la oración, porque detrás de ella hay un fruto precioso. Ese fruto es el deleite en Dios; la oración es uno de los medios que nos lleva a deleitarnos en la presencia de Dios.

Quizás la persona que más podría ayudarte a ver la oración como un deleite es John Piper. En su libro *Sed de Dios*, dice: «En el acto de la oración se reúnen de manera especial dos metas: la búsqueda de la gloria de Dios y la búsqueda de nuestro gozo» (p. 188). En otra parte escribe: «La oración es la forma que Dios ha señalado para que nuestro gozo sea cumplido, porque es el aire que produce el calor interior de nuestro corazón hacia Cristo» (p. 183).

Por tanto, podemos decir que *la oración es lograr la provechosa disciplina que nos permite alcanzar el deleite de escuchar, hablar y meditar en Dios. Es una negación a mi dependencia de mí mismo, es el arma para matar mi orgullo y pecado. Es venir ante mi Dios a través de Cristo y guiado por el Espíritu, entendiendo que, aun para las cosas que no sé ni conozco, tengo al Espíritu Santo quien intercede por mí ante el Padre.*

Podríamos dar una definición corta de la oración en este momento: la oración es presentarnos, como creyentes y con la guía del Espíritu Santo, ante un Dios que se ha dado a conocer a través de Cristo. A continuación, veremos de qué manera esta interacción entre la Trinidad se manifiesta en nuestro fundamento, nuestra fuente de confianza y nuestra ayuda en la oración.

1. El fundamento de la oración: la santificación del nombre de Dios.

Los evangelios son cuatro libros que narran la vida y la obra de nuestro Señor Jesucristo entre nosotros. Allí encontramos lo que se conoce como la oración modelo de Jesús (Mateo 6:5-13), y se nos muestra que la oración bíblica es expresada por un corazón dependiente que busca y ama que Dios sea reconocido como único y bueno. Hablaremos más de ella en la parte II. Sin embargo, lo que sí queremos afirmar en este momento es que la oración está centrada en Dios y no en nosotros mismos. El corazón del creyente debe saber que la oración busca que, de principio a fin, toda la atención se centre en el buen y soberano Dios quien escucha la oración.

Existe la tendencia a que el centro de la oración seamos nosotros mismos: «Lo que yo quiero, cómo me siento y cuándo lo quiero». Por el contrario, Jesús nos enseña que el centro de la oración es Dios y que se trata de una comunicación íntima y amorosa como la de un padre con sus hijos. Al venir delante del Padre eterno y soberano con nuestras peticiones, buscamos que la primera de ellas sea que Su nombre sea santificado (reconocido como único y puro) y glorificado (que le demos al Señor el valor que merece). Después de haber reconocido Su grandeza y soberanía, buscamos que haga que Su nombre sea glorificado, atesorado y proclamado por todos aquellos que son Sus discípulos, al ver cómo decide contestar nuestra oración.

El propósito de Dios al contestar nuestra oración es que confiemos en que lo mejor para nosotros, y lo más precioso, no es una respuesta idéntica a nuestra petición o deseo, sino que disfrutemos más de Él que de cualquier respuesta. De modo que el fundamento de la oración es que Dios sea glorificado, y sabemos que esto va a suceder porque la confianza de la oración está en Cristo.

2. La fuente de confianza en la oración: Cristo.

El apóstol Juan nos muestra que la oración del creyente es expresada con confianza en Cristo, por Cristo y para Cristo (1 Juan 5:12-15). Esta confianza descansa en Quien nos salvó y en Quien nos sostiene, o sea, Jesucristo mismo.

También podemos ver que la oración es uno de los frutos de la fe que Dios nos dio para que podamos confiar en la salvación que Cristo nos ofreció por pura gracia. Una vez que Cristo nos salvó y fuimos adoptados en la familia de Dios, la oración viene a ser la expresión de nuestra fe en Él. Esta salvación es tan segura en Cristo que nos lleva a confiar plenamente cuando vamos ante Dios con una disciplina gozosa que nos permite tener un deleite mayor, día a día, al conocer cada vez más a Quien nos salvó.

¡Sí! La oración busca intensificar la relación que ya existe entre el creyente y el Salvador. Por lo tanto, la oración es una demostración de que se ha realizado el milagro del nuevo nacimiento, de que se tiene a Cristo como Salvador y de que se confía plenamente en que, a través de Él, el Señor va a escuchar su oración. Así como buscamos intencionalmente hablar con las personas que amamos, en la oración expresamos el gran cambio ocurrido en nuestro corazón cuando el Señor imputó la obra de Cristo en nuestra vida. Ya no huimos de Dios, ahora nos acercamos a Él. Ahora queremos conocer, adorar y glorificar a Dios. ¡Es vivir para lo que fuimos creados! Nosotros no oramos a Dios porque nos portemos bien o solo cuando nos portamos mal, sino que acudimos a Él siempre porque lo hacemos en el nombre y con la justicia de Cristo.

Por último, siempre hay momentos tan amargos en la vida en los que simplemente no tenemos las fuerzas, ni tampoco las palabras, para poder decirle al Señor lo que sentimos o pensamos. ¿Qué pasa cuando en tiempos de debilidad no sabemos por qué orar? Ante circunstancias como esas, podemos darle gracias a Cristo porque el mismo Señor Jesucristo pidió al Padre que nos envíe otro Consolador para interceder por Su iglesia.

3. La ayuda en la oración: el Espíritu Santo.

En la carta del apóstol Pablo a los Romanos, encontramos una maravillosa intercesión del Espíritu Santo por los hijos de Dios (8:26–27). Hay algo que debemos saber con respecto a la oración. Esta no es una disciplina para que el creyente crezca en independencia de Dios. Por el contrario, la oración es una disciplina para fortalecer al creyente en su dependencia del Espíritu de Dios.

La ayuda del Espíritu Santo es algo maravilloso porque Dios mismo, a través de la obra de Cristo, nos ha enviado al Espíritu Santo para que nos ayude personalmente en nuestra debilidad. ¿De qué tipo de debilidades estamos hablando?

Hay momentos en nuestra vida en que no sabemos cómo orar; por lo tanto, Pablo hace referencia a la debilidad del creyente que no sabe por qué motivos orar. No sabe por qué pedir, no sabe cómo entender la voluntad de Dios, no sabe por qué Dios permite esto o lo otro. Esas son el tipo de debilidades de las que Pablo habla, y para los momentos en que no sabemos qué orar, el Espíritu Santo toma nuestro lugar y va al Padre, representándonos y pidiéndole lo que nosotros necesitamos.

Podríamos decir, entonces, que el Padre escudriña y sabe lo que hay dentro de nuestro corazón, ese nuevo corazón que busca y anhela, por Su gracia, hacer la voluntad de Dios. El Espíritu Santo intercede por nosotros para que Dios haga con nosotros lo que está conforme a Su santa voluntad. Que Dios nos dé Su gracia para crecer en la disciplina del deleite de la oración y nos conceda el privilegio de aprender a orar con Jesús a través de Su modelo de oración.

CAPÍTULO II:

EL MODELO DE LA ORACIÓN DE JESÚS

Por M. A. Galeano

Aunque nosotros tenemos la libertad de usar nuestras propias palabras y ser muy espontáneos con la oración, igual Jesús nos dejó un modelo de oración. ¿Por qué lo haría? Bueno, porque necesitamos de su instrucción para aprender cómo orar y qué orar. Esto fue precisamente lo que los discípulos le pidieron a Jesús: «Enséñanos a orar». Así que, sentémonos por un momento a escuchar mientras leemos lo que Cristo quiere que aprendamos de la oración para que, conforme a estas peticiones, nuestras oraciones sean iluminadas.

Cuando leemos Mateo 6:9-13, vemos que Cristo nos muestra un modelo de cómo debemos orar. Jesús divide Su oración en dos partes: la primera parte presenta el fundamento de la oración, que es Dios el Padre, a quien oramos. La segunda parte son las peticiones personales que están bajo el fundamento de ese Dios personal a quien nos hemos acercado.

Es importante notar que Jesús no pone Sus peticiones en primer lugar. Por el contrario, Él se dirige a Su Padre. ¡Qué bueno es que Jesús nos recuerde que nuestra oración va dirigida, en primer lugar, al Padre! Es como a un niño se le recuerda dar las gracias después de haber recibido un dulce. Nuestro corazón debe adquirir la disciplina de reconocer que lo primero de la oración es la comunión con Dios y no las dádivas que pudiéramos recibir de Él. Si nuestra oración tiene un destinatario, ese es nuestro Padre que está en los cielos, es decir, el Dios que gobierna con toda autoridad, el Rey poderoso y eterno.

Nuestra oración se dirige a nuestro Padre en Cristo, quien nos ha adoptado por medio del poder del Espíritu Santo. Qué gran bendición es saber que nuestro Padre celestial está atento y escucha nuestra oración, que el Soberano Señor está deseoso de escuchar nuestro clamor porque es nuestro Padre y se deleita en mostrar Su amor y cuidado.

Por ejemplo, cuando mi hija me llama, le pongo toda mi atención. Con su vocecita me dice: «Papi, agua» o «Papi, *ana* (manzana)», y ella sabe que su papá, que la ama, le responderá. ¿Conoces a Dios como tu Padre? Espero que sí porque solo así sabrás que tus oraciones no se dirigen a un Dios distante, que podría estar muy ocupado para atenderte. Por el contrario, si has creído en Cristo y te has arrepentido de tus pecados, Él es tu Dios y también tu Padre. Ya que es nuestro Dios y Padre, buscamos que en todo Él sea glorificado, y esto es lo que Jesús pidió primero, santificar el nombre de Dios.

1. El fundamento de la oración

1. *Santificado sea Tu nombre*

Al venir delante del Padre eterno y soberano con esta petición, no estamos pidiendo que sea más Santo de lo que ya es, porque esto sería imposible, ya que Él ya es santo y perfecto.

Nota que la petición de Jesús al Padre no es que nosotros busquemos hacer a Dios más grande o más único. Se trata más bien de que el Padre mismo haga que Su nombre sea glorificado, atesorado y proclamado por todos aquellos que son Sus discípulos. Lo que le pedimos primero es conocerlo más, glorificarlo más, que Él se revele de maneras más extraordinarias, sin que importe cómo Él decida contestar nuestra oración.

2. Venga Tu reino

El reino de Dios es la esfera en donde Él gobierna y manifiesta completamente Su autoridad. De allí que esta petición tenga un fuerte clamor para que ese reino de Dios, que fue inaugurado por Cristo en Su venida y que trajo como consecuencia los frutos de la salvación que compró en la cruz, sea extendido por todo rincón de la Tierra.

Pero también le decimos al Señor con estas palabras que esperamos que Su reino sea consumado en la segunda venida de Cristo, por lo que miramos al futuro para que Él regrese por Su iglesia. Al pedir que venga Su reino le estamos diciendo que no tenemos nuestra esperanza ni nuestras metas en esta vida terrenal, que es pasajera, sino en Su retorno en donde todo será verdaderamente eterno y justo.

3. Hágase Tu voluntad

Si Jesús nos dice que oremos para que el nombre de Dios sea visto como santo, perfecto y hermoso en Cristo, que Su reino en Cristo sea expandido en todo lugar, la tercera petición no nos sorprende porque tiene que ver con buscar siempre la voluntad de Dios porque eso es lo mejor para nosotros.

Muchas veces pensamos que lo que queremos o necesitamos es lo mejor para nosotros. Pero nuevamente tu oración va dirigida a tu Padre, quien se ha revelado a nosotros como soberano, sabio, justo, misericordioso, bueno y que hace todo para que Su nombre sea santificado en ti. Es decir, muchas veces tu Padre te dará lo que pides para que siempre Él sea quien reciba honor y gloria.

Pero otras veces, el Señor no te dará lo que quieres porque desea que confíes en que es lo mejor para ti y que lo más precioso es que disfrutes más de Él que de lo que pudiera darte.

Lo mejor que Dios puede hacer no es darnos lo que pedimos, sino darnos lo mejor y más precioso, esto es Dios mismo, en Cristo y por el Espíritu.

Bajo este fundamento de nuestra oración entendemos quién es Dios y nuestro deseo es Su gobierno sobre nosotros; lo mejor que podemos desear es que todo suceda de acuerdo a Su plan perfecto para nosotros. La oración pasa de ser un petitorio a un dios desconocido a ser una exaltación y un reconocimiento para un Dios grande que se ha dado a conocer con amor y misericordia.

2. Peticiones bajo el fundamento de las tres P

4. *Provisión física*

La oración modelo de Jesús dice: «El pan nuestro de cada día, dánoslo hoy». El hecho de que nos hayamos centrado en la grandeza espiritual de Dios, en Su reino venidero y en Su voluntad soberana no significa que el Señor se olvide de nuestras necesidades más humanas y terrenales. No está mal pedir a Dios que nos guarde de aflicción, que nos provea lo que necesitamos, que cuide nuestra salud y nuestra familia.

Pero ¿sabes por qué tenemos libertad para pedir aun por el pan diario? Porque nuestro Dios, quien se ha dado a conocer a nosotros con gloria, autoridad y soberanía, tiene cuidado de nosotros hasta en el más mínimo detalle.

5. *Perdón espiritual*

Jesús dice: «Y perdónanos nuestras deudas, como también nosotros perdonamos a nuestros deudores». Esta petición es crucial porque, aunque ya hemos sido perdonados por Cristo, de todas maneras no dejamos de pecar. Por lo tanto, la oración modelo nos enseña que otra de nuestras necesidades es poder alcanzar el perdón que solo nos lo puede dar nuestro buen Dios. El perdón por nuestras deudas es otra manera de pedir perdón por los pecados.

La madurez espiritual toma forma cuando un creyente crece en su fe y Dios le muestra esas áreas que son pecado, y se arrepiente y cambia por la gracia de Dios. Pedir perdón por nuestros pecados muestra que cada vez queremos ser más como Cristo. Y ser más como Cristo también implica poder ofrecer el perdón a los que también nos ofenden. Aun en la oración, no solo recibimos lo que pedimos, sino que también ponemos delante de Dios aquello que nuestro carácter requiere para ser más como nuestro Señor. Un Padre perdonador requiere de hijos perdonados, que también saben perdonar.

6. *Protección del pecado*

La oración continúa y dice: «Y no nos metas en tentación, mas líbranos del mal». Dios nunca tienta a nadie, tal como lo dice Santiago 1:13, así que esta petición se debe entender como una petición para que Dios nos guarde de Satanás y de nosotros mismos, para no pecar contra Él. Cuán bueno es saber que nuestro Dios nos invita a orar para que nos guarde de las mentiras y engaños de Satanás.

Cristo nos ha dejado este modelo para que lo practiquemos de forma creativa, que podamos crecer en dependencia de nuestro Padre y confiados nos acerquemos a Él en Cristo. Que Su Espíritu Santo nos guíe a orar, buscando Su gloria y confiando en que Él procura nuestro bien y nuestro gozo.

Que en lo que sigue encuentres al Dios Todopoderoso que está atento a tu clamor y listo como el Buen Padre, por la obra del Buen Pastor Jesucristo, para responder conforme a Sus planes y sostenerte con Su Espíritu.

PARTE II

ORACIONES

CAPÍTULO III:

ORACIONES QUE RECONOCEN LA GRANDEZA DEL SEÑOR

UN SOLO DIOS

Oración basada en el himno «Creemos en un solo Dios»,
de Martín Lutero.
Por Giancarlo Montemayor

Señor de la creación,
El que hizo la Tierra y el cielo; y con Su voz dio orden al
caos; El que todo lo hizo bueno y con excelencia.

Tú eres Dios Padre, El que nos guarda fieles en el camino;
que nos da el pan de cada día; El que se acuerda de
que somos polvo, que es lento para la ira y grande en
misericordia.

Tú enviaste al Hijo, a Tu unigénito Emanuel. El perfecto
sustituto, que por nosotros fue inmolado, El que nos da
Su justicia.

Tú enviaste a Tu Espíritu, El Divino Consolador.
El que ilumina nuestras almas, que intercede por nosotros,
y quien reserva nuestra heredad.

Perfecta armonía, autoridad y sumisión.
Sublime gracia, amor y comunión.
Señor, ¡bendita sea la Trinidad!
Alabamos al Padre, al Hijo y al Espíritu Santo.

Amén.

DIOS PERSONAL

Oración basada en Éxodo 2:23-25; 3:7-9,14-15

Dios:

Tu grandeza es tan poderosa. Tú eres el Creador y no estás controlado por nada ni nadie. Eres el todo suficiente, y en Tu grandeza has mostrado Tu misericordia: me has creado para conocerte y adorarte.

Gracias Dios, porque sé que Tú me escuchas, y me has guiado a buscarte, conocerte y desearte en Cristo.

¡Cuán maravilloso es que el Dios Santo me haya dado esta bendición de conocerlo!

¿Cómo puede ser que te conozca?

Solo por Tu fidelidad a Tus promesas es que me has llamado a ti para amarte y glorificarte. Cuando pienso en ti, mi Dios, pienso en Tu grandeza, pero también en Tu cercanía, porque ahora soy Tuyo por Cristo.

Gracias Dios por ser mi Dios y te pido que me ayudes a crecer con gozo en mi disciplina de hablar contigo. Muéstrame que eres mi Dios y que estás cerca, pues esto ya es una realidad por el sacrificio de Cristo y por Tu presencia en mí por medio de Tu Espíritu.

Gracias mi Señor, en el nombre de Jesús.

Amén.

DIOS TODOPODEROSO Y SOBERANO

Oración basada en Éxodo 5:22-23; 6:1-8; 13:21-22

¿Quién es como Tú, oh Señor?

Cuando no entiendo lo que está pasando a mi alrededor o en mi vida, Tu gracia me recuerda dónde estás.

Tú estás en gloria, gobernando todo para mi bien y para Tu gloria. Tú, mi Dios, eres SEÑOR. Tú eres eterno y has prometido nunca cambiar porque eres perfecto.

Al mirar Tus obras veo que no hay nadie ni nada que detenga Tus planes para salvar a Tu pueblo, para rescatarlo del pecado y de la opresión de Satanás. En ti, mi Dios, encuentro todo refugio y fortaleza para el día a día. Ayúdame Señor a confiar en ti, cuando me veo agobiado porque no sé qué hacer o porque las cosas no salen en el tiempo que yo quiero; ayúdame a creer en ti. Creer en que Tú estás mostrando día a día la historia que ya escribiste para mí, y que con Tu ayuda la estoy descubriendo para poner mi mirada en ti y no en mí o en mis circunstancias. Tal como guiaste a Israel y lo rescataste con poder, Dios, guíame a ver más de Cristo, pues Él es mi Salvador y Señor.

Es por Cristo que puedo conocerte como mi Padre Poderoso y es por Cristo que Tu poder está obrando en mí, por medio del Espíritu Santo. ¡Gloria a ti porque eres soberano y bueno para conmigo!

En el nombre de Cristo.

Amén.

DIOS QUE BUSCA LA GLORIA PARA SU NOMBRE

Oración basada en Éxodo 14:4,17-18

Padre:

Cuando pienso en todo lo que haces y leo en Tu Palabra como está escrita Tu historia de salvación, me doy cuenta de que todo es por ti y para ti.

Confieso, Señor, que muchas veces no entiendo Tus obras y Tus propósitos, pero gracias porque aun en mi mente finita, Tú has mostrado Tu mente infinita para darte a conocer en Cristo. Tú creaste esta Tierra, no porque te hacía falta algo o porque no tenías la suficiente gloria, sino que la creaste porque lo mejor que puedes hacer para con Tu creación es mostrar Tu gloria.

¡Sí, Señor! «Quiero ver Tu gloria»; así decía Moisés, y gracias por mostrar Tu gloria en la Persona Perfecta de Tu Hijo, Jesús. Él es Tu gloria y Tú buscas ser glorificado por medio de Él, porque este ha sido Tu plan eterno. Perdóname, porque mi búsqueda de Tu gloria no es constante, pero gracias por Cristo quien es mi Señor y Su obediencia me fue otorgada. Solo por Cristo puedo venir a ti y solo por Su obra perfecta en la cruz puedo conocerte más como el glorioso Dios y Rey.

Ayúdame a buscar Tu gloria en todo lo que hago.

En el nombre de Jesús.

Amén.

DIOS MISERICORDIOSO

Oración basada en Éxodo 32:7-14; 33:12-23

Mi Padre celestial:

Cuando pienso en mis pecados y mis luchas diarias, no puedo dejar de pensar, *¿por qué me has amado tanto y me has perdonado tanto?* Si busco en mí la respuesta a esta pregunta, sé que no la encontraré, porque veo mis pecados y luchas. Por otro lado, mi Dios, cuando veo que la única razón por la que me amas y me perdonas es Tu misericordia en Cristo, esto me hace presentarme ante ti en adoración. Te adoro por Tu misericordia y porque has mostrado que Tu gloria es aquella que dice tener misericordia y compasión con quien quieras tener misericordia y compasión.

Padre, ayúdame a ver que Tu misericordia para conmigo no fue ganada o comprada por mis méritos, sino que fue ganada y comprada por la obediencia y muerte de Tu Hijo, Jesús.

Gracias por amarme en Cristo. Que esta verdad me lleve a desear, en el poder del Espíritu Santo, más de Cristo y menos de mí. Que Tu misericordia me guíe a dar a conocer Tu gracia en Cristo a pecadores como yo, y que me des el deseo de conocerte en Tu Palabra.

Te amo, mi Señor misericordioso.

En el nombre de Jesús.

Amén.

RESPUESTA INESPERADA

Oración basada en el himno *I asked the Lord* [Le pedí al
Señor] de John Newton.

Por Giancarlo Montemayor

Soberano Dios:

Tu fidelidad pasada me asombra; base segura para
Tu gracia en el futuro. Con el tiempo he aprendido que mi
santidad te es más importante que mi comodidad.

Te pedí conocerte más, disfrutar Tu amor, Tu
perdón y Tu gracia; buscar Tu rostro todos los días, hasta
llegar a casa. Te pedí llegar seguro, sin rastros de batallas
perdidas, sin piedras grandes en el camino, sin dardos
envenenados.

Tú, Señor, me enseñaste a orar; me instruiste a esperar. Hoy sé que mi oración contestaste, en una forma que
no imaginé. Mi oración era que Tu gracia sobreabundara
a mi favor, dándome descanso, venciendo mi mal; que
pelearas mis batallas como en Jericó.

Tu respuesta, sin embargo, fue letal. Me hiciste
sentir los ídolos de mi corazón. Permitiste al enemigo
asaltarme sin piedad. Me postraste y humillaste, más bien
como Job.

—¿Por qué, Señor? —lloré ante ti—. ¿Por qué agravas
mi dolor? Más Tu respuesta fue tan tierna, misteriosa y
paternal.

—Así te hago crecer —me sorprendiste.
Así me limpias de mi orgullo y así me libras del gozo falso
terrenal; para que busque Tu rostro solamente, y que,
como Job, diga: «Ahora te conozco».

Amén.

DIOS DE GRACIA QUE SALVA EN CRISTO Y POR EL ESPÍRITU

Oración basada en Éxodo 33:13-23 y
2 Corintios 3:12-18; 4:6

Mi Dios:

Cuando dudo de mi salvación, ayúdame a recordarme que la salvación no es mía, sino Tuya. La salvación no ha sido creada por mí, ni he sido yo quien busque la salvación. Tú, mi SEÑOR, eres el Autor de la salvación, por lo tanto, mi salvación está segura en ti. Es Tu salvación, la cual obraste en la obediencia de Cristo y compraste con el sacrificio de Tu Hijo Jesús. Pero gracias porque, aun esa salvación que prometiste y que fue comprada por Cristo, no esperó a que yo viniera a buscarla. Gracias porque fuiste Tú quien me llamó y abrió mis ojos para ver la belleza de Tu gloria en Cristo por medio del Espíritu Santo. Gracias por la libertad que tengo en Cristo para ser transformado día a día, mientras observo a Cristo en Tu Palabra y vivo conforme a Tu voluntad por la gracia y poder en el Espíritu Santo. Ayúdame a vivir buscando despojarme del pecado y vivir conforme al Espíritu Santo para así ser guiado en toda obediencia que ya has preparado para que yo viva conforme a tus propósitos y no los míos.

En el nombre de Jesús.

Amén.

CAPÍTULO IV:

ORACIONES CONFIADAS EN QUE EL SEÑOR ESCUCHA

MI DIOS ATENTO A MI ORACIÓN

Oración basada en Deuteronomio 4:7 y Salmos 4

Mi Dios:

Recuérdame por Tu gracia que mis oraciones están siendo dirigidas al Único Dios que escucha las oraciones de Su pueblo. El único capaz de responder a mi clamor eres Tú. ¡Qué bendición que Tú me escuches!

¿Quién tiene un dios como mi Dios que siempre está cerca cuando lo llamo? Solo aquellos que creen en Dios y quienes se han arrepentido de sus pecados y han creído en Su Hijo Jesús como el Salvador y Señor de sus vidas. Así que, gracias, mi Señor, por darme esta gran bendición de tenerte como mi Dios y esta seguridad de que, al orar, Tú escuchas.

Tú no eres un dios creado por los hombres que no ve ni escucha, sino que eres el Dios Creador que ha salvado a Su iglesia y está listo para escuchar su oración. Ayúdame, mi Dios, a confiar en Tu misericordia, en que escuchas y respondes mi oración; que esta confianza sea mostrada en que de noche pueda descansar porque mi oración ha sido escuchada por el Dios Todopoderoso, quien está para conmigo en Cristo Jesús. Es en el nombre de Jesús que oro.

Amén.

LA CERCANÍA DE DIOS

Oración basada en Salmos 17; 20

Mi SEÑOR:

En este momento no te siento cerca; me siento desanimado y siento que estas lejos. Así que, Señor, te ruego que en este tiempo donde no siento Tu cercanía, me recuerdes que Tu presencia no está sujeta a lo que siento, sino a Quien he creído. ¡Sí, Señor! Es en ti en quien confío y es a ti a quien clamo. Recuérdame, mi Dios, que mi clamor a ti es seguro porque Tú me escuchas, lo sé porque en Cristo he sido adoptado como Tu hijo y, por lo tanto, toda Tu atención como mi Padre está garantizada por Cristo. Ayúdame a no cimentar mi confianza en ti con base en lo que siento, sino basado en Tu carácter, que no cambia. Aunque esta oración esté siendo expresada con un corazón desanimado, recuérdame de dónde viene mi fortaleza y mi seguridad.

De ti viene mi fe, mi fortaleza, mi confianza y mi seguridad; porque Cristo ha vencido al pecado y a Satanás, yo puedo confiar en que Tú garantizas mi fe por el poder del Espíritu Santo.

Mi confianza está en que oro en el nombre de Jesús.

Amén.

MI REFUGIO EN DIOS

Oración basada en Salmos 31; 50; 69; Colosenses 3:1-3

Padre:

¿De dónde viene mi refugio?

Viene de mi Redentor y Roca, Jesús.

Oh, Padre, que, en este momento de aflicción, esta verdad sea cada vez más real en mi vida. Padre, recuérdame que toda aflicción para mí como creyente no tiene el propósito de destruirme, sino de hacerme más dependiente de ti. Mi Dios, como mi Padre, sabes qué es lo mejor para mí y sé que usas esta aflicción para que yo llame a ti y Tú seas honrado en mi dependencia de ti. Aun cuando esté cansado, no me dejes caer en las mentiras de Satanás de que Tú no estás presente en mi dolor, pues sé que sí estás aquí conmigo. Tu cercanía es tan segura y real como lo es la vida de Cristo; solo por Jesús es que mi vida está segura y mis aflicciones están siendo sostenidas por el poder de Dios y Sus propósitos eternos para conmigo. Confío en ti; ayúdame a recordar que no estoy solo, pues es Tu Espíritu Santo quien me sostiene y me recuerda que Tú, mi Dios, responderás conforme a Tu misericordia. Levanta mis ojos de mi aflicción para mirar hacia donde viene mi refugio, pues mi refugio viene de Aquel que está sentado en gloria, gobernando a mi favor.

Cristo, Tú eres mi refugio, y es en Tu nombre que oro.

Amén.

POR LA GRACIA DE DIOS

Por Aixa García de López

Amado Señor y Padre:

Hoy vengo débil y con el ánimo casi extinguido, de no ser por el amor con que me has rodeado, en forma de amigos, que te aman más a Ti y Tu verdad que a mí y mi orgullo. Gracias porque por medio de ellos recibo los bocados de verdad que, aunque me saben amargos por el instante, son exactamente la medicina que necesito. Tu Palabra viene a mi corazón en las bocas de ellos... Eres como esa pájara que sacia el hambre de sus polluelos torpes que lloran.Te confieso mi tendencia natural de desconfiar de Tu soberanía; mi creencia falsa en que te tardas y mi espejismo de ver que necesitas mis ideas para producirte gloria. Gracias porque rehúsas abandonarme en mi necedad.

Recuérdame que no hay nada más cierto que saber que Tú habitas en el trono eterno y que regresarás a revelarte con todo esplendor. Tómame de la barbilla y hazme ver en dirección al día en que toda la verdad se sabrá y no quedará rodilla sin doblar. Aliméntame y fortaléceme con Tu Palabra, mientras enfocas mis ojos a través de las lágrimas. Que descanse y confíe en que Tú sabes cómo te glorificarás y que Tu amor será la luz del nuevo cielo y la nueva Tierra y no necesito tomar los asuntos en mis manos.

Gracias porque para este día también hay gracia. En el nombre de Jesús.

Amén.

REFUGIO

Oración basada en el Salmo 46

Por Giancarlo Montemayor

Padre Dios:

Refugio de mi alma, en olas de preocupación, en ti seguro estoy. Aunque se desmorone la Tierra, mi fe descansa en ti.

Me invitas a estar quieto, a reconocer que Tú eres Dios, a esperar Tu exaltación y mi vindicación, a saber que Dios es uno, y que ese no soy yo.

Pero, ¡ah, en la duda infernal, temo acercarme a Tu trono de gracia!

¿Puedes escuchar la carga en mi gemir? Todo parece terminar y mi fe declinar.

¡Sí! Tu oído puede oír mi llanto en la oración.

Bendita verdad que Tú, Señor Todopoderoso, también eres *Emanuel*.

Oh, gran Dios, exaltado seas sobre toda la Tierra. Mi alma suplica aferrarse a ti, aunque se encrespen las aguas, aunque se postren mis fuerzas.

Aquí, en Tu trono, encuentro mi reposo. Aquí, esperar en ti es un deleite. Aquí, me siento pequeño y a la vez seguro. Aquí, mi refugio es el Dios de Jacob.

Amén.

EN LA DIFICULTAD, TÚ ERES MI DIOS

Oración basada en Salmos 31; 50; 69; Colosenses 3:1-3

Mi Dios:

Escucha mi clamor, atiende a mis oraciones porque mi necesidad es muy grande. Tú sabes por lo que estoy pasando y sabes que es muy difícil para mí toda esta situación. Padre, perdóname si en momentos he pensado que lo puedo hacer solo, pero gracias porque me recuerdas que esta situación no ha sido permitida por ti para que yo la viva solo. Esta situación, Dios, es para guiarme a clamar a ti y, por lo tanto, te ruego que me des de ese gozo que hay a Tu diestra para venir delante de ti sabiendo que Tú, oh Señor, estás escuchándome y que responderás a mi clamor para sostenerme en esta angustia, rescatarme si es Tu voluntad, y para que, dentro y fuera de esta prueba, Tú seas honrado.

Mi Dios, te pido que me sacies y me muestres Tu salvación, porque es en Cristo en donde encuentro paz, gozo y tranquilidad en medio de esta difícil situación. Ayúdame a buscar refugio en ti mientras leo Tu Palabra y me haces conocer más de Tus planes, y me ayudas a entender más quién eres. Pues no quiero desperdiciar este tiempo, sino que mi deseo es que Cristo sea más atesorado por mí en este tiempo.

En el nombre de Jesús.

Amén.

PERDÓNAME MI DIOS

Oración basada en Salmos 28; 32; 85; 86; 99;130; 141; 145;
Romanos 8

Mi Dios santo y perfecto:

He pecado contra ti, y sé que no hay nada que
pueda ocultarse de ti. Así que perdóname por mis pecados
y escucha mi perdón, porque no quiero que mi pecado
ciegue mi vista de ver Tu gloria y Tu amor en Cristo.
Gracias porque aun esta oración buscando Tu perdón se
debe a que es Tu deseo santificarme y hacerme más como
Jesús. Por lo tanto, quiero adorarte en mi arrepentimiento y buscar esa gracia segura en Cristo, para que vea mi
pecado como una ofensa ante ti y, por Tu poder, no vuelva
a pecar en esta área. Señor ayúdame a vivir conforme a Tu
Palabra y a ser guiado por el Espíritu para no satisfacer los
deseos de la carne, sino glorificarte en mi vida.

Padre, la lucha contra el pecado es real y difícil, pero
¡cuán bueno eres, Cristo!, pues has sido tentado en todo,
pero sin pecado y estás listo para socorrerme en momentos
de tentación y guiarme a buscar Tu voluntad. Es por Tu
gracia y poder en el Espíritu Santo que puedo mantenerme
firme ante la tentación. Gracias por Tu perdón.

En el nombre de Cristo.

Amén.

ORACIÓN EN TIEMPO DE ANGUSTIA

Oración basada en Salmos 6
Por Elizabeth Díaz de Works

Oh, Señor:

Ten misericordia de mí; en mucho te he fallado, Padre, y mucho he sufrido por causa de mis pecados. No soy digno de Ti, Padre Todopoderoso, pero escucha, Señor, mi llanto, porque estoy abatido, cansado y sin lágrimas que derramar. Hoy necesito más que nunca de Ti. Sin Ti, Señor, ni un paso más puedo dar.

Sé que Tú todo lo puedes Señor y escuchas mi oración. Líbrame de mis pesares, Santo Padre, ten misericordia de mí. Perdóname, Señor, porque mis pecados me alejan de Ti, pero Tú nunca me dejas por Cristo y me consuelas en mi tristeza por la presencia de Tu Espíritu en mí. Dame, Señor, un corazón que te busque y te honre siempre.

Dejo todo ante Ti, Señor; haz de mí como sea Tu voluntad.

En el nombre de Jesús.

Amén.

CAPÍTULO V:

SÚPLICAS LLEVADAS AL BUEN Y MISERICORDIOSO SEÑOR

EN EL NOMBRE DE CRISTO

Oración basada en 2 Corintios 1:20; Hebreos 4:14-16

Mi Dios:

Tú eres mi Padre, porque en Cristo he sido adoptado en Tu familia. Muchas veces se me olvida, Dios, que lo que ha hecho posible que Tú me escuches no es mi obediencia ni mi justicia. Lo que ha garantizado que Tú me escuches es que en Cristo todas Tus promesas son «sí». Ya que Él y solo Él ha obedecido en perfección Tu Palabra, y por Su sacrificio Tú has perdonado mis pecados y me has dado Su obediencia. Gracias, mi Señor, porque Tú me ves por medio de Cristo; es por Él que puedo tener acceso al trono de Tu gracia y saber que estás listo para escuchar mi oración. Guárdame de poner mi confianza en mí y en mi oración; que mi esperanza esté en Jesús y en Su obediencia descanse. Por eso vengo delante de ti para entregar toda mi vida y este día en el nombre de Jesús. Pues es en Él que mi alma confía y es a Él a quién quiero darle honra y gloria. Ayúdame a creer y a entender más que Cristo es mi Roca y mi justicia delante de ti, Dios, y que por Él digo: «Tú eres mi refugio eterno».

En el nombre de Jesús.

Amén.

POR EL ESPÍRITU SANTO

Oración basada en Juan 14:15-26; Romanos 8:26-27

Mi Señor:

En medio de esta prueba, no encuentro las palabras para orar o saber qué decir. Pero te doy gracias porque Cristo mismo ha orado para que Tú envíes el Espíritu Santo para ayudar a Tus hijos. En este momento en que no sé qué orar, confío plenamente en que es el Espíritu Santo quien intercede por mí delante de Tu trono, ¡y quién mejor que Él para interceder por mí! Pues Él va delante de ti por mí, buscando Tu santa y perfecta voluntad. Tú, mi Dios, que escudriñas mi corazón, sabes que, por Tu gracia en Cristo, mi anhelo mayor es que Tú hagas Tu voluntad en mí, así que, te pido que, por medio de Tu Espíritu Santo, muestres Tu voluntad. Ayúdame a creer que Tu voluntad es buena y perfecta, y que el Espíritu Santo usa todo lo que está pasando en mi vida, con el fin de que Tú, mi Padre, me hagas más como tu Hijo, mi Salvador Jesús. Gracias porque el Espíritu Santo ha sellado mi vida y es quien testifica a mi espíritu que soy hijo Tuyo y que clamo: «¡Abba Padre!»

En el nombre de Cristo y esperando en ti.

Amén.

SALVACIÓN

Oración basada en 2 Corintios 3:12-18; 5:20-21;
Apocalipsis 5:9-10

Padre celestial:

¡Cuán bueno y poderoso eres, cuán bendecido soy al tenerte como mi Dios quien está atento a mis súplicas! Te quiero pedir que tengas misericordia con todo aquel que no ha reconocido que Tú eres Dios y que has traído salvación por medio de Tu Hijo Jesús. Padre, tal como has tenido misericordia conmigo, me has perdonado y me has dado salvación, te ruego por aquellos por quienes Tu Hijo murió para que pronto los adoptes a Tu familia. Padre, confío plenamente en ti, y en Tu deseo de salvar y mostrar en Cristo que eres el Dios de gracia y amor. Así que, haz que Tu Espíritu les dé la fe para arrepentirse de sus pecados y creer en Jesús como su Señor y Salvador. Que pronto más personas vengan al gozo eterno Tuyo y que busquen el perdón de pecados en ti. Quítales la ceguera espiritual, que puedan ver a Cristo para que crean en Él y sean salvos. Cuán maravilloso saber que la salvación de Tu iglesia solo depende de ti y que la sangre de Cristo ha comprado un pueblo de toda lengua, tribu y nación para Tu gloria.

Oro confiado y esperando Tu salvación.

En el nombre de Jesús.

Amén.

SALVACIÓN DE FAMILIARES

Oración basada en 2 Corintios 5:20-21
por Ernestina González

Señor y Padre bueno:

A esta hora vengo ante Tu presencia a rogarte
por aquellos de los míos que no te conocen. Aquellos
miembros de mi familia que aún no tienen una relación
personal contigo y que se perderían en la eternidad sin ti.
Yo te ruego que seas Tú el que prepare sus mentes y corazones para que sean susceptibles a recibir Tu palabra. Señor,
Tu palabra dice que la oración del justo puede mucho; yo
no soy justa, Padre, pero la sangre preciosa de Tu Hijo me
justifica delante de ti. Yo clamo ante Tu presencia por mi
familia inconversa; ayúdales a conocer que Tú eres *Adonaí*,
nuestra autoridad plena. Que eres *Elohim*, el Dios Todopoderoso que nos libra de la muerte eterna y nos ayuda a
hacer nuestra vida en la Tierra más llevadera. Señor, pon
palabras en mi boca para hablarles de nuestro *Shaddai*,
la fuente inagotable y el Dios que nos sustenta cada día.
¿Señor, a quién tengo para clamar por ellos sino a ti? ¡Ma-
nifiéstate con poder en sus vidas! ¡Atráelos con lazos de
amor! ¡Torna sus corazones hacia ti! Y ayúdame a mí a ser
un fiel testigo Tuyo delante de ellos y que mi vida refleje la
de Tu hijo.

Te amo y te oro, en el nombre de mi Señor y Salvador, Jesús.

Amén.

CELEBRAR LA SALVACIÓN DE DIOS

Oración basada en Efesios 1:15-23

¡Oh, SEÑOR!

Gracias Dios por darnos salvación en Cristo y unirnos a Él para conocerte y amarte, porque Tú nos conociste y nos amaste desde la eternidad. Qué gozo poder venir delante de Ti confiando, no en mis obras, sino en las obras y justicia de Cristo. Perdóname por mis pecados y por muchas veces no tener el gozo y la disciplina para orar. Pero gracias de nuevo por Tu eterno amor en Cristo para conmigo.

Te pido que, tanto a mí como a otros hermanos, nos des más de Tu Espíritu para conocerte cada vez más. Que este conocimiento, Padre, traiga fruto en mi vida espiritual, mi familia, mi iglesia y mi comunidad. Que por medio de Tu poder en Cristo pueda vivir conforme a Tu voluntad y para Tu gloria. Confío en Ti porque Tú eres mi Dios en Cristo y porque Tu presencia reside en mí por medio del Espíritu Santo.

En el nombre sobre todo nombre, Cristo Jesús.

Amén.

DIOS MISERICORDIOSO

Oración basada en Lamentaciones 3:23
Por Ernestina González

Padre bueno:

He despertado a un nuevo día. Gracias por el descanso de la noche, gracias por Tu fidelidad, por Tu amor, por Tus cuidados, gracias por Tus misericordias cada mañana.

Ayúdame a caminar hoy en ti, Jesús. Ayúdame a ampararme bajo Tus promesas, a no desviarme ni a izquierda ni a derecha. Dame la entereza para ser mejor que ayer, la sabiduría para discernir entre lo bueno y lo malo. Dame Tus ojos para ver las necesidades de mis hermanos, dame Tus manos para servir, dame Tus pies para caminar firme sabiendo que Tú estás conmigo. Pero, sobre todo, dame Tu corazón para amar como Tú amas, para perdonar con el perdón con que Tú me has perdonado. Toca mi mente para recordar siempre que, más allá de las vicisitudes, tormentas o problemas que este día pueda traer, más allá de eso estás Tú y junto contigo Tus promesas de siempre estar a mi lado.

Señor, solo tengo este día; el ayer ha pasado y el mañana aun no llega; solo por hoy, solo por hoy, ayúdame a vivir en ti.

Guarda a los míos en el hueco de Tu mano y levanta muros de protección en derredor de ellos.

Te lo ruego con el perdón de mis faltas y en el nombre de quien todo lo hizo posible.

En el nombre de Jesús.

Amén.

PERDÓN DE PECADOS

Oración basada en Miqueas 7:18-19; 2 Corintios 5:17;
Hebreos 9:10-15

Padre, he pecado.

Otra vez no he sido fiel a Tu llamado de obediencia, he caído en la tentación y cedido ante los engaños de Satanás. Mi carne es débil; no actué con sabiduría ni en dependencia de ti. Perdóname por pecar contra ti y no buscarte en medio de la tentación para que me liberaras de este engaño. Pero doy gracias por Cristo, pues solo por Él mis pecados, tanto pasados como presentes y futuros, han sido perdonados y lanzados a lo más profundo del mar. Gracias por Tu perdón que es diario y por esa gracia que me das cada día. Pero Padre, que esto no sea una excusa para pecar, porque de ser así no he entendido lo que significa ser libre del pecado. Por eso, Señor, ayúdame a vivir en la libertad de Cristo no para pecar, sino para estar firme en Tu armadura ante los ataques de Satanás. Que ante el pecado yo lo vea como lo que es, una ofensa contra Tu gloria. Ayúdame a saber y a creer que ya he sido perdonado en Cristo y que estas falsas acusaciones de Satanás son calladas al mirar que me has amado y me amas en Cristo.

En el nombre de Jesús.

Amén.

PERDÓN POR EL ORGULLO

Oración basada en Salmos 51; Romanos 12:3

Padre:

He pecado contra ti. Reconozco que, en mi orgullo, he tenido un mayor concepto de mí mismo del que debería y te he ofendido a ti. Mi pecado ha sido contra ti y Tu santidad. Solo Tú eres digno de ser exaltado, pero me he exaltado a mí mismo.

Hoy quiero poner mi orgullo y mi vanagloria a los pies de la cruz. Por mis propios méritos no soy digno siquiera de que me escuches. Sin embargo, gracias a que Cristo se sacrificó en la cruz, puedo apelar a Su justicia. Te doy gracias por haber perdonado este pecado desde antes de que lo cometiera. Te doy gracias también porque sé que Tú completarás la obra que has comenzado en mí. Te pido que me ayudes a aborrecer mi soberbia como la aborreces Tú. Dame un corazón humilde como el de Tu Hijo Jesús.

Quiero ser un instrumento de Tu paz y traer gloria a Tu nombre. Pero sé que mientras esté enfocado en mi propia gloria, sea consciente o inconsciente, no podré serlo. Crea en mí un corazón limpio, y cultiva un espíritu recto dentro de mí. Entonces podré mostrar a otros Tus caminos.

En el nombre de Jesús.

Amén.

GRATITUD POR LA MISERICORDIA DE UN PECADO DESCUBIERTO

Oración basada en Salmos 51; Juan 8:1-11
Por Aixa García de López

Señor:

En medio del dolor y la vergüenza de haber sido descubierto haciendo mal, te alabo. Parece una locura decirlo, pero mientras escondí mi pecado mis huesos se secaron, mis noches eran más largas y mi angustia muy profunda, y ahora respiro más liviano.

Esto no es lo peor que me puede pasar, porque mi nombre será olvidado sobre la Tierra, pero el Tuyo necesita ser magnificado en mi vida, y esto me ayuda a morir. Lo peor que podría pasarme es que me dejaras seguir adelante en mi maldad y obstinación y morir en el engaño de creer que Tu santidad no importa. ¡Gracias por Tu gran misericordia! ¡Por no dejarme como estaba! ¡Por sacarme de mi escondite para ser lavado en Tu río a plena luz del día! ¡Soy libre!

Ahora, sin excusas con las cuales defenderme, o mentiras con las cuales sostener mi fachada, extiendo mis brazos para que me levantes y me cubras con Tu justicia perfecta; mi alma está desnuda ante ti.

Gracias porque no me destapaste para mi humillación, sino para mi restauración y libertad.

En el nombre de Jesús.

Amén.

POR AUDACIA PARA PROCLAMAR
EL EVANGELIO

Oración basada en Mateo 28:18-20; Hechos 1:8; 4:24-31;
Romanos 5:8

Padre celestial:

Reconozco que hablar de Cristo no es fácil para mí, ya sea porque me siento amenazado o por falta de deseo. Pero te pido, Señor, que me des la audacia para compartir Tu evangelio. Dame el valor para buscar toda oportunidad y presentar a Cristo, porque sé que es lo que las personas más necesitan, tal como yo. Por eso, Señor, dame las palabras para hablar con confianza ante todo aquel que necesita escuchar de Cristo. Ayúdame a que pueda, con mis acciones y palabras, hablar de ti a mi familia, mis vecinos y desconocidos, porque la manera en que les muestro más amor no es callando, sino hablando de Quien mostró Su amor muriendo por mí, aun cuando yo era un pecador. Así que dame la audacia para, con gracia y valor, proclamar a Cristo, pues para esto me has llamado, para ser un testigo de Cristo que haga discípulos de Él. Dame humildad para saber cómo hablar y escuchar sin necesidad de pelear, sino de señalar que es Dios quien ruega por medio de mí, para que todos aquellos que han de creer se arrepientan y sean reconciliados con el Padre por medio de Su Hijo, Jesús. Te amo, mi Señor, y te agradezco por el Espíritu Santo, quien reside en mí para darme el poder de predicar a Cristo.

En el nombre de Jesús.

Amén.

POR LA PROPAGACIÓN DEL EVANGELIO

Oración basada en Colosenses 4:3; 2 Tesalonicenses 3:1

Padre Señor:

Te pido que des a Tu iglesia oportunidades para proclamar a Cristo. Dios, día a día Tus hijos se encuentran con personas que no conocen de Cristo, personas que son indiferentes a ti y que desconocen la verdad del evangelio. Oh, Padre, danos la sabiduría y la madurez espiritual para reconocer las oportunidades que Tú das a la iglesia, para proclamar de Tu salvación en Cristo. Padre, quita toda distracción, por más que sean cosas buenas las que estemos haciendo; ayúdanos a ver esta vida en Cristo como un medio para dar a conocer de Él. Ayúdame a tener una perspectiva eterna de este peregrinaje terrenal y ver a los demás con gracia y amor para dar a conocer de la fuente de toda gracia y amor. Así que, Padre, danos oportunidades, pero, junto con ellas, danos la sabiduría y la obediencia por el Espíritu para usarlas conforme a Tu voluntad. Danos la mente de Cristo para sacar provecho del tiempo y de los lugares adonde nos envías. En nuestro hogar, trabajo, supermercado y aun en la iglesia, que nuestras conversaciones sean cristocéntricas.

En el nombre de Cristo.

Amén.

POR LOS DONES ESPIRITUALES

Oración basada en Efesios 4; Gálatas 5:22-25

Padre:

Al redimir a Tu iglesia del pecado y al salvarla, le has dado a cada uno de Tus hijos dones para ser usados con el propósito de edificar a Tu iglesia. Por lo tanto, Señor, te ruego que me ayudes a saber qué dones me han sido concedidos por Tu gracia y de acuerdo a Tu mayordomía, para que sean usados para capacitar a Tu iglesia en la obra del ministerio. Dios, qué gran bendición que Tú me hayas dado dones específicos, pero no para competir con otros, porque lo que los demás tienen yo no tengo, y lo que yo tengo otros no tienen. Estos dones son para Tu iglesia y para Tu gloria, así que quita de mí todo deseo egoísta. Y dame el deseo de usar Tus dones en mí para que la iglesia sea fortalecida y muestre al mundo que esta es Tu iglesia. Ayúdame a desear usar mis dones porque quiero ser más como Cristo y ayuda a otros a ser más como Él. Que por medio de Tu Espíritu nos guíes a vivir conforme a Sus dones.

En el nombre de Jesús.

Amén.

POR OBREROS PARA LA OBRA DEL SEÑOR

Oración basada en Mateo 9:38; 16:18

Padre:

Tú eres el Señor de la iglesia; Tú la has comprado en Cristo y la has unido por medio del Espíritu Santo. Mi confianza está en que eres Tú quien ha prometido edificarla y preservarla hasta el fin, porque has prometido llevarla a gloria y que Cristo la presente sin mancha ni arruga. Por eso, Señor, te suplico que envíes aquellas personas que Tú has preparado para que te sirvan en la obra de Tu evangelio. Tú has dicho que pidamos por obreros, así que envíalos para que Tu Palabra sea sembrada en todo lugar y en toda persona; que Tú des el fruto tanto en aquellos que son Tus obreros como en la obra que ellos harán, para que más personas vengan a ti por medio de Cristo. Llámalas y capacítalas para que defiendan Tu verdad, y se mantengan firmes ante todo ataque y tentación. Que cada vez más obreros salgan semana tras semana a proclamar Tu evangelio y, llenos del poder del Espíritu Santo, proclamen que Cristo es Señor y Salvador.

En el nombre de Jesús.

Amén.

POR LA TENTACIÓN

Oración basada en Mateo 26:41-42; Marcos 14:38;
Lucas 22:40

Padre Dios:

Sabes que la tentación está frente a mí y que mi
carne quiere ceder ante las ofertas engañosas de Satanás.
Por esto mismo, Señor, a ti oro, para que Tú, Dios, me
libres de pecar contra ti. Tú me has llamado a orar para no
entrar en tentación y esto es precisamente lo que hago hoy:
venir ante ti para que me ayudes a no caer en la tentación
que enfrento. Gracias, Dios, por Tu ayuda pronta por
medio del Espíritu Santo que me recuerda que en Cristo
tengo toda satisfacción y gozo verdadero. Así que, Dios,
ayúdame a ver esta tentación como un medio para crecer,
orar y no caer. Eres Tú, oh Dios, quien me sostiene y
quien me guarda, por eso confío en Tu pronta ayuda. Aquí
estoy, Dios, buscando que Tú hagas que esta tentación
pase y me mantengas dependiente de ti, sabiendo que estás
dispuesto y eres poderoso para sacarme de esta tentación y
que así disfrute de la victoria de Cristo en la cruz. Te amo,
mi Dios, mi Castillo fuerte y mi Roca en Cristo.

Espero en ti, en el nombre de Jesús.

Amén.

POR FORTALEZA EN LA TENTACIÓN

Oración basada en Salmos 119:116-118
Por Carlos Contreras Álvarez

Precioso Señor:

En este día te pido que me ayudes, pues me siento débil.

Tú conoces perfectamente la lucha que peleo en mi ser. No quiero ofenderte ni contristarte, por eso te pido que me sostengas hoy. No me dejes caer en la tentación de tal forma que el pecado tome ventaja sobre mí.

Tú eres mi fortaleza, Señor, pues me has dado de Tu Espíritu, y sé que el mismo Espíritu que levantó a Cristo de entre los muertos es quien habita hoy en mí para vivificarme y fortalecerme.

Dame hoy la fortaleza que necesito para perseverar en obediencia y sumisión a Tu voluntad. Guárdame para que no me desvíe hoy de Tus caminos y pueda cumplir Tu propósito para mi vida. Hoy me pongo en Tus manos, mi fiel Señor, para guardar Tu Palabra. Yo confío en ti, en Tu gracia y en Tus promesas; sé que Tú me sostendrás en este día, mi Señor, porque eres siempre fiel.

Tu Palabra y fortaleza me vivifiquen para perseverar en fidelidad, pues no quiero ser avergonzado en mi debilidad. Por ello te pido que me fortalezcas para glorificarte en todo lo que pongas delante de mí en este día.

En el nombre de Jesús.

Amén.

POR EL RESCATE EN MEDIO DE LA ANGUSTIA
QUE TRAE EL PECADO

Oración basada en Juan 10:27-30; Romanos 8:34-39;
1 Juan 2:1-2

Padre:

Mi pecado ha traído angustia a mi vida; ha traído tristeza y dolor. Por un lado, te agradezco por permitirme sentir este dolor que trae el pecado porque no quiero ser indiferente a lo horrible que es pecar contra ti. Pero también, Señor, este pecado ha traído cierta distancia entre lo que creo sobre ti y cómo me siento. Padre, no permitas que Satanás use este tiempo para que me condene por algo que Tú ya pagaste. Tampoco permitas que este tiempo sea para separarme de ti. Recuérdame que estoy en Cristo, y nada ni nadie me podrá separar de Tu amor. Dame el gozo de Tu salvación, y recuérdame que nadie podrá apartarme de Tu mano poderosa, ya que Tú, mi Buen Pastor, has dado Tu vida por mí y me has comprado. Quita todo sentimiento falso de arrepentimiento, de condenación, y ayúdame a arrepentirme verdaderamente y a ver a Cristo como Aquel que me ha perdonado y me ha dado Su justicia para siempre estar delante de ti. Gracias por Tu perdón y por darme ese gozo eterno que está en ti.

En el nombre de Jesús.

Amén.

POR LIBERACIÓN DEMONÍACA

Oración basada en Marcos 9:29; Lucas 8:28; 38;
Colosenses 1:13; Efesios 6; Romanos 6

Dios Santo:

Gracias por librarnos del dominio de las tinieblas y por trasladarnos al reino de Tu Hijo Jesús. Gracias por librarnos de la esclavitud del pecado y de la ceguera de Satanás para que no viéramos Tu gloria en Cristo. Pero, Padre, esta lucha que vive Tu iglesia no es contra sangre ni carne, sino contra potestades, contra los poderes de este mundo de tinieblas, contra las huestes espirituales de maldad en las regiones celestiales. Es por eso que necesitamos de Tu armadura para liberar a todo aquel que no está en Cristo y, por lo tanto, está controlado por Satanás. Pero nosotros, en el nombre de Cristo y por Su autoridad, oramos para que Satanás deje a todos aquellos que pertenecen a Cristo, para que sean libres por el poder del Espíritu Santo. Así que, Dios, muestra Tu victoria en Cristo para que Tu luz resplandezca sobre el corazón de todo aquel que has comprado con la sangre del Cordero inmolado para el perdón de pecados y la salvación. Confiamos en que Tú y solo Tú, Dios, tienes la victoria, y es en Tu armadura que permanecemos firmes ante todo ataque de Satanás.

En el nombre de Cristo oramos.

Amén.

POR SANIDAD

Oración basada en Mateo 26:38-39; Romanos 8:29;
2 Corintios 12:9; Santiago 5:13-15

Padre Señor:

Conoces mi enfermedad y sabes cuánto he sufrido por esta enfermedad; no ha sido fácil esperar por mejores resultados, ver que la medicina no funciona o que no encuentran cuál es el problema. Tengo que confesar, Señor, que hay momentos en donde la duda inunda mi vida y me pregunto para qué permites esto en mi vida. Pero Dios, tal como Job confió en Tu soberanía y en que eres Tú el dador de todo, por eso mismo sé que mi vida está siendo sostenida por ti y que aun en esta enfermedad Tú buscas que yo te glorifique y confíe en ti. Por lo tanto, te pido, Señor, que traigas sanidad a mi vida. Dios, Tú tienes toda autoridad para sanarme y sostenerme en este tiempo. Pero Padre, también he aprendido que, como Jesús, busco Tu voluntad y no la mía, porque Tu voluntad es perfecta y buena para mi vida. Así que, mientras espero Tu voluntad, recuérdame que eres Tú quien me sostiene y me das esa gracia que se perfecciona en la debilidad. Gracias porque Tú estás en control y usas todo para que sea más como mi Señor y Salvador Cristo. Confío y espero en ti por el poder del Espíritu Santo que me ha llenado con Tu presencia.

En el nombre de Jesús.

Amén.

POR LOS DOLORES DE PARTO

Oración basada en Génesis 3:16; Romanos 8:18-25
Por Sandra de la Torre Guarderas

Dios mío:

Es tan intenso el dolor en el punto más alto de la contracción uterina que mi espíritu se entristece y mi mente no alcanza a entender cómo la multiplicación de mis dolores de parto fue una sentencia Tuya, un castigo. Mi vientre en labor, mis venas palpitantes, mi carne desgarrada y hasta las fibras invisibles que tejen mi alma quieren librarse de este dolor, protestar ante Tu altísimo trono y clamar Tu misericordia.

Ayúdame, sin embargo, a reconocer Tu soberanía y a atravesar el sufrimiento de Tu mano. Que en cada nueva contracción sienta yo misma el clamor de la creación entera que gime –ella también conmigo– y sufre dolores de parto aguardando ansiosamente la libertad de la corrupción a la que fue sometida por nuestro pecado.

Que sienta yo, con la creación, su clamor por Tu regreso, por la restauración final de todas las cosas y por la revelación de los hijos de Dios. Señor, Tu boca no pronunció solamente castigo, sino reconciliación. Que mi cuerpo adolorido abrace la esperanza de su redención plena en Cristo. ¡Bendición sea para mí, para el mundo y gloria Tuya, Dios, este fruto de mi vientre!

En el nombre de Jesús.

Amén.

POR PROTECCIÓN Y RESTAURACIÓN

Oración basada en Lucas 21:36; 22:32; Juan 17:15-23

Padre:

Tú eres el Dios de gloria y de poder, por lo cual vengo a ti en oración. Oro como oró nuestro Señor y Salvador por cada uno de nosotros los que hemos creído; te pedimos que nos guardes del mal. Padre, cuídanos de todo mal que Satanás quiera hacer, pero danos fe en ti para creer que todo lo que Tú permitas es para darte a conocer más en nosotros y por medio de nosotros.

Oh Señor, cuán precioso es ver que Tu oración fue para que el Padre nos guardara del maligno, pero también para santificarnos. Así mismo, Dios, te pedimos que uses todo lo que tengas que usar con el fin de que seamos más santos como Tú, Señor. Danos fe en Cristo para saber que estamos siendo guardados para compartir por el resto de la eternidad la gloria de Tu amor y para conocerte por siempre. Te amamos, Dios, y gracias por sustentarnos con la diestra de Tu justicia y porque Aquel que está sentado a la diestra del Padre gobierna con autoridad a favor de Su iglesia. Danos como iglesia la unidad en medio de la persecución y en momentos de conflicto trae una reconciliación pronta para que el mundo conozca por nuestro amor el verdadero amor de Cristo.

En el nombre de Cristo Jesús.

Amén.

PEDIR POR PROTECCIÓN ANTES DE DORMIR

Oración basada en el Salmo 121
Por Carlos Contreras Álvarez

Querido Señor:

Hoy he comprobado Tu bondad y fidelidad en mi vida, pues Tú nos has guardado y protegido durante este día.

Hoy quiero agradecerte porque has velado sobre mi hogar. Te pido perdón por cada instancia en que te hayamos ofendido hoy. Tú siempre me has conocido y has sabido de todas mis flaquezas, así como las de toda mi casa, y aun así nos amaste y diste a Tu Hijo por nosotros. Gracias, Padre, por Tu amor inquebrantable que nos guarda y preserva para el día en que estemos contigo para siempre.

Ahora te pido que guardes en paz mi casa durante esta noche. Termino este día pensando en ti como nuestro guardador, pero pongo a mi familia bajo Tu cuidado durante nuestro sueño, pues velas por nosotros siempre. Te pido que me guardes de la inquietud de mis pensamientos carnales. Guárdame de aquel enemigo que busca dañar mi alma y mi fe. Guárdame aún de ofenderte en mis sueños.

Mi Señor, guarda esta noche mi descanso.

En el nombre de Jesús.

Amén.

POR NUESTROS PASTORES Y LÍDERES

Oración basada en Hechos 14:23; Hebreos 12:1-2;
1 Pedro 4:11

Padre Dios:

Le has dado a Tu iglesia ancianos para que cuiden
Tu rebaño y lo pastoreen sabiendo que darán cuenta
ante ti por Tus ovejas. Te pedimos por ellos para que los
guardes de sí mismos y de las mentiras de Satanás. Señor,
son siervos Tuyos por Tu gracia y testigos de Cristo; por lo
tanto, Señor, guíalos a toda verdad en Tu Palabra; que su
deseo primario sea dar a conocer a Cristo en Su Palabra;
que no confíen en sus fuerzas, sino en las fuerzas que Tú
das por medio de Tu Espíritu para que en todo Tú seas
glorificado. Dios, dales un corazón humilde, manso y listo
para enseñar Tu Palabra en todo tiempo. Guárdalos de
querer enaltecerse ellos mismos; por el contrario, que, por
Tu gracia y poder, den a conocer el nombre sobre todo
nombre, Cristo Jesús. Guarda sus familias y las iglesias
que representan, que día a día los uses para que junto con
los hermanos puedan demostrar que el Señor es bueno,
misericordioso y lleno de gracia en Cristo. Gracias por dar
a Tu iglesia líderes que nos apunten al autor y consumador
de nuestra fe, Jesús.

Y en Su nombre oramos.

Amén.

PARA ENVIAR CREYENTES A LA OBRA DE DIOS

Oración basada en Hechos 13:3; 3 Juan 5-6

Padre:

Gracias por aquellos hermanos que Tú has llamado para ser discípulos que hagan discípulos de todas las naciones y grupos étnicos. Gracias por estos hermanos porque «Cuán hermosos son los pies de los que anuncian el evangelio del bien», y a estos, Señor, Tú los has llamado para ir a predicar de Cristo, así que dales fruto espiritual en sus vidas y que vean fruto espiritual en donde Tú los envíes. Qué bendición ser partícipes de Tu obra, sea yendo nosotros mismos o enviando a otros. A ti, Señor, clamamos para que uses nuestros esfuerzos para la extensión de Tu reino. Señor, llévalos con bien y suple toda necesidad. Deseamos que Tu nombre sea conocido en todo rincón de Tu creación, que las naciones se alegren al ver Tu salvación en Cristo y que todo aquel que ha sido comprado con la sangre del Cordero pueda responder con fe y arrepentimiento para ver Tu salvación en Cristo y por el poder del Espíritu Santo. Así que, Dios, que Tu Espíritu les dé ese nuevo corazón para presentarse ante ti reconociendo que solo Tú, Cristo, salvas y justificas. Anhelamos ver fruto de salvación.

En el nombre de Jesús.

Amén.

PARA RECONOCER A QUIENES DIOS HA LLAMADO AL MINISTERIO

Oración basada en Hechos 1:24; 6:6; 1 Timoteo 3;
Tito 1:5-9; Hebreos 13:20-21

Nuestro Buen Padre:

Nos reunimos como iglesia para darte gracias porque nos has dado al Gran Pastor, quien nos guía a toda verdad. Queremos buscar Tu dirección para que nos muestres las personas que Tú has llamado como líderes en nuestra iglesia. Señor, no queremos tomar decisiones basadas en nuestro conocimiento ni en nuestras emociones.

Por eso pedimos que nos guíes a buscar a aquellos hermanos que Tú has capacitado para la obra del ministerio. Confiamos en que nos guiarás porque deseamos hacer Tu voluntad y queremos someternos a ti y a Tu Palabra. Ayuda a aquellos que has escogido, para que puedan discernir Tu llamado y responder con gratitud, deseo y gozo a fin de servirte en esta, Tu iglesia. Únenos conforme a Tu verdad y en Tu amor para juntos trabajar en Tu obra haciendo todo con disciplina, esfuerzo, gozo y amor por ti y Tu congregación. Provee los medios para ayudar a estos hermanos en su labor ministerial, el bien de esta y las demás iglesias, y para la extensión de Tu reino. Guárdanos de tomar una pronta decisión sin estar seguros que estas son las personas que Tú has escogido para servir a Tu iglesia.

En el nombre de nuestro Buen Pastor, Jesús.
Amén.

POR LAS AUTORIDADES LOCALES

Oración basada en Romanos 13:1-11; 1 Timoteo 2:1-4

Dios:

Reconocemos que eres Tú quien pone y quita a los gobernantes; por lo tanto, nuestra confianza no está puesta en un líder político; nuestra confianza está en Aquel que reina desde la eternidad y para siempre, Tú nuestro SEÑOR. Pero sabemos que nos has llamado a orar por aquellos que tienen tal responsabilidad y que darán cuenta a ti por cómo usaron esta posición que Tú les diste. Así que te pedimos por el presidente para que sobre todas las cosas le des el regalo de la fe para salvación en Cristo, que durante su gobierno llegue a entender que está sujeto a Uno mayor que él, y ese eres Tú, Cristo. Dale salvación y dale la gracia para arrepentimiento, rodéalo de personas que busquen a Cristo y lo apunten a Cristo, usa esta posición para el bien de Tu iglesia y para avanzar Tu reino en todo lugar. Te pedimos también por otras personas que tienen autoridad; que Tú los guardes de abusar de esa autoridad y de todos aquellos que buscan el mal. Pero, de igual manera, pedimos por su salvación y que vivan conforme a Tus propósitos, siendo guiados por el Espíritu Santo. Gracias por estos líderes y ayúdanos a someternos en todo lo que no sea pecado porque nuestra mayor alianza está en hacer Tu voluntad, aun cuando nos cueste la vida.

En el nombre de Jesús.

Amén.

POR FORTALEZA EN LOS ÚLTIMOS DÍAS

Oración basada en Lucas 21:36; Romanos 8:18-24;
2 Corintios 5:17; Apocalipsis 21-22

Padre:

Tu reino es poderoso; nuestro Señor Jesús reina
y ha inaugurado Tu reino en la Tierra, pero, hasta que
Él venga, Tú nos has dicho que habrá días difíciles. Por
lo que esto no nos toma de sorpresa y, por más que
por diferentes pruebas entraremos en el reino de los
cielos, nuestra esperanza no está en la Tierra, sino en
Dios quien ha creado la nueva creación en Cristo. ¡Sí!
Nuestra esperanza está en que algún día estaremos en
gloria contigo, pero, hasta que vengas a consumar Tu
reino, rogamos que nos des fuerzas para mantenernos
fieles a ti. Pero gracias porque nuestra fidelidad a ti se
basa en que Tú eres fiel a Tus promesas en Cristo, así que
confiamos en que Tú vendrás con poder por Tu iglesia y
la sostendrás en estos últimos días para que así Tus hijos
conozcan que solo por ti es que somos fieles. Ayúdanos
a vivir estos últimos días dando fruto de lo que significa
esperar en ti, para que otros vean las buenas obras nuestras
y glorifiquen a nuestro Padre. Anhelamos ya estar en gloria
porque podremos adorarte sin pecado y conocerte por la
eternidad. Gracias por Tu grandeza.

En Cristo Jesús.

Amén.

CAPÍTULO VI:

¿CÓMO PEDIR Y QUÉ PEDIR?

PEDIR SABIENDO QUE DIOS YA SABE LO QUE HE DE PEDIR

Oración basada en Mateo 6:8

Mi Dios:

Una de las bendiciones más grandes de mi vida es poder llamarte Padre por la adopción que Cristo ha traído a mi vida. Cuando pienso en ti como mi Padre, encuentro descanso, seguridad y paz, porque sé que eres el único Padre perfecto. Por eso mismo, Padre celestial, doy gracias porque, antes de pedir cualquier cosa, anhelo que me ayudes a entender que Tú ya sabes lo que voy a pedir. Pero no solo lo que voy a pedir, sino que, como mi Buen Padre, sabes qué es lo que verdaderamente necesito. Ayúdame a confiar en que Tú jamás me darías algo que sea para mi mal, sino que, como mi Padre amoroso, me darás todo aquello que me ayude a verte como glorioso y poderoso, aun cuando lo que me des no sea lo que yo pienso que es mejor para mí. Pero por eso pido que me des fe, para ver que lo mejor para mí eres Tú y todo lo que me lleve a conocer más de ti; eso quiero, mi Señor. Pero guíame, que sobre todas las cosas mi deseo primario sea lo espiritual, crecer en mi fe y en los frutos de Tu salvación en mí.

En el nombre de Jesús.

Amén.

PEDIR CON CONFIANZA

Oración basada en Mateo 6:25
Por Ángel Ortiz

Señor:

Perdóname por dejarme arrastrar por las mismas preocupaciones y ansiedades que siente el mundo que no te conoce. Por olvidarme de las promesas que leo en Tu Palabra y que deberían llevarme a confiar en ti. Tú prometes que, si buscamos el reino de Dios y Su justicia primero, todo lo demás que necesito en mi vida será añadido. Aunque he leído esa promesa innumerables veces, todavía no la he creído en mi corazón.

Continúo actuando como si este mundo fuera mi destino final. Quiero acumular las riquezas, el reconocimiento y la adulación del hombre. Ayúdame a entender, Señor, que estoy aquí solamente por unos segundos dentro del contexto de la eternidad. Que este mundo no es mi destino final y no puede satisfacer las necesidades de mi alma. ¡Pon en mi corazón hambre de ti, Jesús! Dame la sabiduría para buscarte de mañana y de tarde. Hazme sabio para utilizar el tiempo que me queda en este mundo haciendo Tu voluntad en mi vida.

Dame la mente de Cristo para pensar como Él piensa, para amar como él ama y para perdonar como Él perdona. Abre mi boca para pregonar la verdad y el poder transformador del evangelio. Quiero descansar en ti, en Tus promesas.

En el nombre de Jesús.

Amén.

PEDIR SABIENDO QUE DIOS, COMO NUESTRO PADRE, ES BUENO Y SABE QUÉ DARNOS

Oración basada en Mateo 7:7-11; Lucas 11:9-13

Padre Señor:

Quiero pedirte que mi oración busque lo que Tú sabes que necesito. Reconozco, Señor, que mis oraciones muchas veces están llenas de cosas que yo quiero y sé que por mi pecado hay cosas que pido que no están de acuerdo a Tu voluntad. Pero Padre, algo que deseo pedirte, basado en que Tú hayas dicho que pida y busque, es más del Espíritu Santo. Qué gran bendición que Tú hayas prometido darme más del Espíritu Santo y es que sin Él no puedo obedecerte, amarte ni pedir conforme a Tu voluntad.

Gracias por llenarme de Tu Espíritu que habita en mí; sí deseo más de Él ya que es quien me guiará a toda Palabra de Jesús, y mi deseo es conocer más de mi Salvador. Te pido por más llenura del Espíritu Santo y que Sus frutos sean evidentes en mi vida para Tu gloria, mi Padre celestial. Necesito de la dirección del Espíritu para entender cada una de mis circunstancias y ponerlas en una perspectiva bíblica, basado en lo que Tú has dicho. Que mi vida sea guiada por el Espíritu para que Él testifique a mi espíritu que soy Tu hijo y me permita clamar: «¡Abba, Padre!».

En el nombre de Jesús.

Amén.

PEDIR CON FE

Oración basada en Mateo 21:22; Marcos 11:24;
Colosenses 3:1-3

Padre:

Reconozco que mi fe es una muestra de Tu gracia y,
por lo tanto, es un regalo inmerecido.

Gracias por darme un nuevo corazón para responder con fe en Cristo y arrepentimiento para ser salvo por gracia. Dios, ayúdame a ver cada día más qué quieres decir cuando me has llamado a pedir con fe. Es tan fácil pensar que este llamado a tener fe está basado en lo que yo quiero, pero, Padre, ayúdame a saber que mi fe no es la que hace posible las cosas, sino que está sujeta a ti. Así que, Señor, abre mi mente y mi corazón para que mi fe esté puesta en lo que Tú puedes hacer y también que mi fe busque que Tú seas glorificado en cómo y cuándo respondes. Mi Padre, ayúdame a buscar las cosas de arriba donde mi Salvador y Señor está sentado, para que sea evidente que mi vida está escondida en Él y mi satisfacción es Él y no lo que yo quiero.

Que mi anhelo más grande, Señor, seas Tú y no lo que Tú das; que te busque a ti por quien eres y no por lo que Tú puedas darme; que Tus bendiciones sean un medio para conocerte y adorarte como mi Buen Padre en Cristo Jesús.

Amén.

PEDIR CON AGRADECIMIENTO

Oración basada en Romanos 8:38-39
Por Ángel Ortiz

Padre Santo:

Gracias por amarme incondicionalmente desde antes de haber sido formado en el vientre de mi madre. Mi mente es incapaz de entender a plenitud la profundidad y la esencia misma de ese amor porque no se compara con nada más en este mundo. Es un amor puro, inagotable y constante que solo está en Cristo.

Gracias, porque no hay nada que yo pueda hacer para que Tú dejes de amarme, ni nada que deba dejar de hacer para que me ames más. Tu amor no está basado en obras, ni sacrificios, oraciones u ofrendas.

Es un amor puro y santo que fluye desde lo más profundo de Tu corazón y que ha sido mostrado en la cruz de Cristo.

No hay nada que me pueda separar de él.
Solo tengo que recibirlo por fe y creer en Tu Palabra.
¡Oh, mi Señor, te ruego que nunca olvide esta verdad santa!

Quiero que Tú seas el primer pensamiento que venga a mi mente cada mañana al despertar, y el último pensamiento cada noche al poner mi cabeza sobre el lecho de descanso. Soy amado eternamente por el Creador del universo, por mi Redentor, mi Padre, mi Todo.

Oro en el nombre de Jesús.

Amén.

PEDIR CON URGENCIA

Oración basada en Lucas 18:1; Lucas 22:46;
1 Corintios 2:16; 1 Tesalonicenses 5:17

Padre:

Mi modelo a seguir es Cristo, mi Señor y Salvador. Al leer Tu Palabra me doy cuenta de que Jesús vivió con una urgencia para tener tiempo a solas contigo. Oh Padre, al mirar mi vida me doy cuenta de que no tengo esa urgencia y que cuando tengo tiempo muchas veces lo uso en otras cosas.

Pero Señor, te pido que me des un deseo de venir a ti una y otra vez buscando tener intimidad contigo y crecer en mi oración.

Cristo te buscaba en todo tiempo, aun cuando estaba cansado, de noche o temprano en la mañana; también supo apartarse de la multitud para tener tiempo contigo.

Así que, Dios, ayúdame a tener esta mente de Cristo que ya es mía por la obediencia de Cristo. Padre, que mi día a día sea marcado por una urgencia de hablar contigo, que cuando vengan las pruebas mi primera respuesta sea llevarlas ante ti, que cuando venga la tentación mi inclinación sea buscar mi satisfacción en ti por medio de la oración. Dame el deseo de orar sin cesar porque te necesito para todas las cosas de mi día a día, porque busco por Tu gracia que en todo Tú seas glorificado.

En el nombre de mi Señor Jesús.

Amén.

PEDIR EN EL NOMBRE DE CRISTO PARA LA GLORIA DE DIOS

Oración basada en Juan 14:13-14

Mi Dios:

Gracias por Tu Hijo Jesús, gracias por Tu gracia en Él y por amarme en Él. Solo en Él hay salvación y Tú has planeado que todo aquel que sea salvo lo sea solo en Cristo. Y es que esta salvación en Cristo te lleva gloria a ti; por eso Cristo dice que pida en Su nombre y Él lo hará con el fin de que el Padre sea glorificado. Esta glorificación es por medio de la salvación de personas que el Hijo ha comprado con Su sangre, así que Dios salva en Cristo. ¡Cuán poderoso y hermoso es saber que Tú salvas! Y lo harás porque esto da gloria al Padre y la gloria del Padre es la gloria del Hijo.

Mi Señor salva en el nombre de Cristo, salva para que todos aquellos que se arrepientan den gloria al Padre por entregar a Su Hijo como sacrificio por sus pecados. Gracias, mi Dios, por ofrecer salvación, gracias por comprarla con la sangre de Cristo, gracias por darme salvación por medio del Espíritu Santo, gracias por darme la gran bendición de ser un discípulo llamado a hacer otros discípulos.

Mi confianza está en que Tú salvas a todo aquel que quieras salvar, porque esto da gloria a Tu nombre.

En el nombre de Jesús.

Amén.

PEDIR EN EL NOMBRE DE CRISTO PARA QUE NUESTRO GOZO SEA COMPLETO

Oración basada en Juan 16:24-26

Padre celestial:

Por tanto tiempo busqué el gozo en otros lugares y no en ti; buscaba ser feliz, pero sin ti no lo era.

Todavía veo que busco ese gozo verdadero en otras personas o cosas, y veo mi tendencia a buscar saciar mi corazón fuera de ti.

Perdóname, Señor, y gracias porque me has guiado a la fuente de gozo verdadero y eterno: Tú eres mi gozo verdadero y eterno en Cristo.

¡Cuán maravilloso eres! Tú me guiaste a ti y en ti encontré verdadero gozo. Me llamas a pedir que ese gozo siga creciendo, no en lo que me das, sino en ti, porque Tú eres mi deleite. Ayúdame, Señor, a pedir conforme a Tú voluntad porque así seguiré creciendo en gozo.

Ayúdame a entender que lo que Tú me das son medios para que mi confianza este en ti. ¡Cuán bueno eres! Mi lucha es que busco saciarme muy rápido y con cosas vanas, pero, Padre, ayúdame a encontrar gozo en hacer Tu voluntad, en conocer más de ti. Sé que mi entorno me dice que debo buscar las cosas rápido y mi propio corazón se impacienta cuando no veo las cosas que busco al instante. Por eso, mi Señor, ayúdame a recordar que mi gozo está en ti y que mi esperanza es segura por Cristo y para Tu gloria.

En el nombre de Jesús.

Amén.

PEDIR CONFORME A LA VOLUNTAD DE DIOS

Oración basada en 1 Juan 3:22; 5:14-15

Mi Dios:

Una de las cosas que más anhelo es poder orar conforme a Tu voluntad, porque cuando oro conforme a Tu voluntad, Tú contestas. Sé que, en general, oro conforme a lo que deseo ver al instante, pero sé que Tú ves más allá y sin pecado.

Tú sabes, porque eres mi Padre, lo que necesito en verdad y cuándo lo necesito. Por eso, Señor, enséñame a orar confiando en que, como eres mi Padre, me darás todo aquello que llevará gloria a Tu nombre y gozo a mi alma. Aun cuando no vea que es así, ayúdame a creer en ti.

Enséñame a orar no para pedir, sino para conocer Tu corazón, para ver que mis pensamientos y deseos sean los mismo Tuyos. Que en el momento de una oración contestada yo pueda ver que ha sido contestada porque me has guiado a pedir conforme a Tu voluntad. No hay mayor gozo que ver que Tú contestas mis oraciones porque están conforme a Tus perfectos propósitos para conmigo. Que mi oración, oh Dios, sea una oportunidad para ver que lo que más amo, no son Tus bendiciones, no son mis deseos, sino que eres Tú, mi Dios y mi tesoro supremo en Cristo. Que Tu Espíritu me guíe a pedir conforme a Tu perfecta y santa voluntad.

En el nombre de Jesús.

Amén.

PEDIR CONFORME A LAS PALABRAS DE CRISTO QUE HABITAN EN MÍ

Oración basada en Juan 15:7; Romanos 12:1-2;
1 Corintios 2:16

Mi Señor:

Uno de los más grandes milagros es que tenga la mente de Cristo, que Su Palabra habite en mí; sé que este es un camino largo en donde tengo que ser transformado por medio de la renovación de mi mente para que la mente de Cristo sea más evidente en mí. Por eso, Señor, ayúdame a que Tu Palabra habite en abundancia en mí para así poder orar conforme a Tu Palabra. Ayúdame a desear leer y aprender Tu Palabra porque en ella está revelada Tu voluntad, Tus propósitos para con Tu iglesia, Tu control sobre Tu creación y Tu poder eterno. Que de mi boca salgan palabras conforme a Tu Palabra, que mis oraciones estén arraigadas en Tu Palabra, que mis pensamientos sean los mismos de Cristo, que mi actitud sea la misma actitud de Cristo. Gracias, Señor, porque todo esto es posible no porque yo lo pueda lograr. Es por medio de Tu Espíritu Santo que mora en mí que puedo acercarme a Tu Palabra y hacer que ella sea mi oración y que mi vida sea un reflejo de lo que Tú dices en ella. Gracias por Tu Palabra y permite que dé fruto en mi vida día a día por Tu gracia y para Tu gloria.

En el nombre de Jesús.

Amén.

PEDIR POR LA LLENURA DEL ESPÍRITU SANTO

Oración basada en Hechos 8:15; Efesios 6:18; Judas 20

Mi Dios:

Tú siempre has deseado estar con Tu pueblo. Tú enviaste a Cristo como Emanuel, Dios con nosotros, pero, al terminar Su obra en la Tierra, Cristo pidió que nos enviaras al otro consolador, el Espíritu Santo, quien ahora mora en todo creyente. Gracias, Dios, por darnos salvación en Cristo y llenarnos con Tu presencia, porque ahora no solo estás con Tu iglesia sino que estás en ella por medio del Espíritu Santo. Gracias por darnos al Espíritu Santo para guiarnos a obedecer todo lo que Cristo nos ordenó y por guiarnos a ser verdaderos discípulos que proclamen a Cristo para hacer discípulos. Así que, mi Señor, tal como lo hiciste con los primeros creyentes, te pido, Dios, que nos llenes más de Tu Espíritu para poder vivir conforme a Tu voluntad y tener la audacia para proclamar a Cristo, no solo con nuestra manera de vivir, sino también con las palabras que han de salir de nuestra boca. Mi Dios, enséñanos a orar en el Espíritu, lo cual quiere decir orar conforme a Tu voluntad. Que seas Tú guiándonos y fortaleciéndonos por medio del Espíritu Santo para que en todo Tú seas glorificado.

En el nombre de Jesús.

Amén.

PEDIR CONOCIENDO EL PODER DE DIOS PARA OBRAR

Oración basada en Efesios 3:20

Mi Dios:

Ayúdame a entender Tu amor en Cristo, ese amor que por gracia fue derramado en la cruz de Cristo y fue dado a Tu iglesia por medio del Espíritu Santo. Así que, mi Dios, te pido que me ayudes a estar firme por fe en el amor de Cristo, ese amor que no tiene comparación ni tampoco fin. Que Tu amor, Dios, me recuerde que Tu poder en Cristo puede lograr mucho más de lo que yo puedo pedir o entender porque Tú eres poderoso. Ayúdame a creer en que eres capaz de hacer todo lo que te propones hacer porque no hay nadie como Tú; eres único y grande en gloria, por eso no quiero dudar de Tu poder. No obstante, cuando miro mi vida y las circunstancias que me rodean, me es muchas veces difícil creer en Tu poder, pero, Dios, sé que, aun en mi falta de fe, por amor a Tu Nombre me harás comprender ese amor y poder que está a mi favor por Cristo. Confío en ti y solo en ti encuentro mi seguridad en medio de la incertidumbre, porque yo tan solo puedo ver un poco del presente, mas Tú, Dios, ves el pasado, el presente y el futuro, así que mi esperanza descansa en Tu poder y no en mi debilidad.

En el nombre de Cristo.

Amén.

PEDIR POR LA LLENURA DEL CONOCIMIENTO DE LA VOLUNTAD DE DIOS

Oración basada en Colosenses 1:9

Padre celestial:

Tu sabiduría es única, Tu grandeza incomparable, Tu amor no tiene igual. Tú estás para con Tus hijos y no en su contra. Por eso, Señor, te pido que ayudes a todos Tus hijos en Cristo que se encuentran en todo el mundo, para que seamos llenos del conocimiento de Tu voluntad. Es Tu voluntad la que nos unió en Cristo y eres Tú quien nos sostiene.

Tú conoces la situación en la que se encuentra cada uno de Tus hijos; por eso te pido que nos des sabiduría y compresión espiritual para ver las cosas por medio de Tu voluntad. Ayúdanos a creer que Tu voluntad es lo que más necesitamos, que en todo tiempo y en toda circunstancia Tú nos sostienes.

Danos, oh Señor, un deseo mayor por descansar y confiar en Tu voluntad; danos, Señor, ese mismo anhelo de Pablo para orar sin cesar y orar por la llenura del conocimiento de Tu voluntad.

Que ante toda situación podamos mirarla y vivirla en la paz que Cristo compró y en la seguridad de saber que Tu voluntad es buena y perfecta.

En el nombre de Jesús.

Amén.

PEDIR POR SABIDURÍA AL ÚNICO SABIO

Oración basada en Santiago 1:5

Señor:

Tú sabes en la situación que me encuentro: no sé qué decisión tomar, no sé cómo esta prueba es parte de Tu propósito para conmigo.

Pero, gracias, mi Dios, porque Tu Palabra contiene tantas promesas en las cuales mi alma descansa. Tú, Señor, has dicho que en momentos de pruebas acuda a ti por sabiduría. Qué bueno, Dios, que Tú no has diseñado mi vida para ser dirigida por mi sabiduría. Al contrario, en este momento de prueba es cuando entiendo que no dependo de mí, sino que dependo de ti, que eres el Sabio y Perfecto. Así que, mi Dios, ayúdame y dame la sabiduría para que de esta prueba vea fruto en mí, fruto de paciencia y de carácter para ser más como Cristo; que esta prueba, oh Señor, sea un medio para que Cristo brille en mí y por medio de mí. Que Tu sabiduría me guíe a Tu Palabra y a otros hermanos en la fe para que conozca Tu voluntad ante esta prueba.

Guárdame, Dios, de apartarme de ti o de Tu iglesia por causa de esta prueba; por el contrario, que Tu sabiduría me guíe a crecer en dependencia de ti y en comunión con mis hermanos en la fe.

En el nombre de Jesús.

Amén.

PEDIR PARA NO PEDIR CONFORME A MIS DESEOS PECAMINOSOS

Oración basada en Santiago 4:2-3

Padre celestial:

Una de mis mayores luchas es saber si lo que pido está conforme a Tu Palabra. Por eso, te pido que me cuides de orar conforme a mis propios deseos. Sé que el pecado me ciega y no me deja ver mi orgullo, pero, Dios, dame la humildad que Cristo compró para Su iglesia, dame Su deseo de pedir conforme a Tus planes; que mi mente sea la misma de Cristo. ¡Gracias por darme la mente de Cristo! Pero que sea cada vez más evidente que lo que gobierna mis oraciones no son mis deseos pecaminosos, sino que el deseo de glorificarte siempre esté presente en mis oraciones. Que aprenda a decir como Cristo: «Que se haga Tu voluntad».

Sé que por Tu gracia en el Espíritu Santo me guías a orar buscando Tu gloria, que con Tu amor me muestras si hay en mi oración algún deseo contrario a Tu voluntad. Hay tantas promesas que aseguran que Tú contestarás mis oraciones, pero esas oraciones serán contestadas cuando aprenda a orar conforme a Tus propósitos para Tu gloria y Tu iglesia. Confío en Cristo quien es mi Señor y Salvador.

En el nombre de Jesús.

Amén.

PEDIR POR AYUDA EN UN CASO
DE REPRENSIÓN BÍBLICA

Oración basada en Mateo 18:19-20

Nuestro Dios:

Tú nos llamas a ser santos porque Tú eres Santo. Le has dado a Tu iglesia la responsabilidad de cuidar a Tus hijos y nos has unido a Tu familia en Cristo para juntos reflejar Tu gloria. Gracias por llamarnos a una comunidad de creyentes que buscan glorificarte en todo lo que hacen; por eso mismo oramos, para que nos enseñes a cuidarnos mutuamente, a apuntarnos a Cristo mientras confesamos nuestros pecados.

¡Oh, Señor! Danos humildad, gracia y amor para hacer de la iglesia un lugar seguro para confesar nuestras luchas; que esto sirva para la edificación, exhortación y santificación. Mi Dios, sabemos que por nuestro pecado habrá situaciones en que tendremos que ayudarnos a ver nuestro pecado, aun cuando no queramos. Es en estos momentos en que confiamos en Tu promesa de que, cuando dos o tres están reunidos en Tu nombre, allí estarás en medio de ellos.

Tu presencia en la congregación sirve para dar sabiduría en estos casos en donde buscamos ayudar a otro hermano. Dios, es Tu iglesia; por lo tanto, hazla más como su Señor y Salvador Jesús.

En el nombre de Jesús.

Amén.

PEDIR PARA DAR FRUTO ESPIRITUAL

Oración basada en Juan 15:16; Filipenses 1:6

Mi Señor y Dios:

Tú enviaste a Tu Hijo Jesús a morir por Tu iglesia, para perdón de pecados y para justificarlos por la fe. Gracias por darnos el fruto de arrepentimiento y de fe para creer en Cristo. Ahora, Señor, ayúdanos a crecer en Tu salvación. Que esa obra que Tú iniciaste en nosotros sea día a día más perfecta hasta el día de Cristo, no porque no haya sido perfecta, sino para que Tu obra perfecta sea más evidente en nosotros. Tú conoces cada una de nuestras debilidades y solo por Tu amor es que nos has salvado aun cuando éramos pecadores, pero queremos que esa gracia que nos salvó sea la misma gracia que nos impulse en Cristo hacia la obediencia.

Deseamos, Señor, dar fruto de Tu salvación; deseamos ver Tu obra en nosotros mientras nos volvemos más como Cristo; anhelamos que Él sea formado cada vez más en nosotros mientras por fe matamos el pecado en nosotros. Mi Dios, que Tu victoria en Cristo sobre el pecado y la muerte sea más visible en la vida de Tus hijos por medio de Tu poder en el Espíritu. Danos, Señor, fruto que dé evidencia de que estamos en la Vid Verdadera, que estamos en Cristo Jesús.

En Tu nombre oramos.

Amén.

PEDIR POR FRUTO ESPIRITUAL

Oración basada en Juan 15:5

Por Otto Sánchez

Bendito Señor:

Alabo y bendigo Tu nombre. Tú eres nuestro único y suficiente Salvador. Gracias por guiarnos por medio de Tu Palabra. Gracias porque ella nos indica Tu voluntad, nos revela quién eres Tú y lo que eres para nosotros. Gracias porque como árbol frondoso nos sostienes para que llevemos frutos. Frutos que te dan gloria a ti y frutos que bendicen a otros. Frutos que nos permiten gozarnos en Tu grandeza y en lo que Tú haces por medio de nosotros. Hay ocasiones, Señor, donde somos tentados a olvidar quién eres y hacer las cosas a nuestra manera; pero, Dios del cielo, no permitas que tal cosa nos acontezca. Sabemos que nuestro Señor Jesucristo es lo único que nos sostiene y nos guía. Ayúdanos a recordar siempre que separados de ti nada podemos hacer. Todo contigo, nada sin ti.

En el nombre de Jesús que nos sostiene.

Amén.

PEDIR POR EL FRUTO DE LA HUMILDAD

Oración basada en Filipenses 2:1-11

Por Aixa García de López

Señor:

Mi corazón está naturalmente inclinado hacia la búsqueda de mi propio beneficio pasando por alto Tu amor y las necesidades de mi prójimo.

¡Necesito que me salves! Si Tú no vienes a mi rescate y me das un corazón nuevo, no puedo producir otros amores.

Quiero ver en Jesús no solo un ejemplo de caminar en servicio sacrificial, sino también al Salvador que me da la capacidad de ir pisando esos pasos; por Tu Espíritu, quiero desear Tu gloria más que la mía y olvidarme de mí cada vez más.

Señor, purifica mis motivos para que no haga nada por presumir o resaltar; quiero que mi meta sea que te vean.

Quiero creer y confiar, porque he llegado a entender que el origen de mi inseguridad, envidia y toda competencia es que no creo que lo que me das sea suficiente para mí. ¡Ayúdame! Dame un corazón capaz de tomar su propia cruz y obedecer hasta la muerte, sabiendo que allí está la verdadera felicidad.

Que yo mengüe y Tú crezcas, que yo muera y Tú vivas.

En el nombre de Jesús.

Amén.

PEDIR PARA ESCUCHAR LA VOZ DEL SEÑOR

Oración basada en Juan 10
Por Mabel Carrasco (fallecida)

Tú nos buscas, Señor; estás buscándonos entre los altos edificios que se toman del brazo, a pesar de las grandes tiendas donde cuelga el deseo; nos sigues en medio de los coches ruidosos de las calles, esquivando garabatos y atropellos; nos buscas mientras nos apartamos de la mano extendida; estás mirando cuando cerramos violenta puerta a los amados; nos aguardas en las locuras de las fábricas y en las febriles reuniones laborales; entre los minutos malgastados, Tú nos llamas; esperas entre televisores encendidos y en el desesperado desborde de los gritos. Nos sigues llamando mientras trepamos la cima sin notar los peñascos que soltamos. Pero no te oímos, no podemos escucharte.

De pronto, en un estrépito de llantas, el desaire de un amigo, el crujido de una catástrofe, una pistola puesta en nuestra sien, un mal diagnóstico de salud o el adiós de quien amamos, con nuestras miradas cubiertas de rocío aterrizando en los cálices abiertos, el sonido del piano sobre el río o el mensaje del cuerpo sobre el lecho; cuando menos lo esperamos hacemos silencio desde dentro, ¡hasta de lo que pensamos!

Y por un iluminado instante alguien oye muy claro TU LLAMADO.

PEDIR PARA SER LIBRADO DEL TEMOR AL HOMBRE

Oración basada en Gálatas 1:10, 2 Corintios 4:1;
Filipenses 1:21
Por Aixa García de López

Señor:

Hoy debo confesar que me olvido de Tu Evangelio muy pronto. Lo sé porque el temor se apodera de mi corazón. Empiezo a oír voces mentirosas que me dicen que lo necesario es quedar bien con todo el mundo y ser aplaudido para «avanzar», que si no cuento con la aprobación de gente importante, no soy nadie; pero lo importante eres Tú. Hoy necesito que me recuerdes que lo único necesario es Tu aprobación y que esa aprobación la recibí hasta rebalsar en Cristo y lo que hizo a mi favor en la cruz.

Ayúdame a ver más allá del aprieto momentáneo; recuérdame que este sufrimiento del rechazo por Tu causa es leve y momentáneo, que soy extranjero, que ya llegará el día en que te veré a los ojos y esa será mi recompensa.

Padre Bueno, solo puedo convertirme de cobarde a valiente en la medida que me des una urgencia santa cimentada en la verdad de que no hay salvación afuera de Tu nombre y que Tu noticia no necesita que yo le añada azúcar para que traiga el fruto que prometiste. ¡Soy libre para anunciarla cuando recuerdo que mi vivir eres Tú y mi muerte es ganancia!

En el nombre de Jesús.

Amén.

PEDIR POR MI ESPOSA

Oración basada en Génesis 2:18-25; Efesios 5:25-33;
1 Pedro 3:7

Mi Señor:

Una de las evidencias de Tu gracia más grandes en mi vida es mi esposa. Gracias por darme a Tu hija como mi esposa.

Señor, en ella encuentro la ayuda idónea para adorarte y darte a conocer; ella es la que complementa mi vida y la que Tú has puesto para juntos servirte. Señor, te pido para que me ayudes a amarla como Tú amas a Tu iglesia; ayúdame a negarme para que ella vea más de Cristo; dame las fuerzas y la humildad para, día a día, en Tu gracia, entregarla más santificada. Perdóname, Señor, porque sé que muchas veces fallo en mi deber de pastorearla, en mi impaciencia y orgullo la hiero; perdóname y sana cualquier herida en ella por mi pecado. Dame el gozo para apuntarla a Cristo, con mis palabras y acciones; que mi mayor prioridad después de ti sea ella. Señor, Tú me has llamado a liderar, proteger y proveer; por eso te pido que me ayudes en Tu gracia a hacerlo para Tu gloria y el bien y gozo de ella. Ayúdame a escucharla y que ella pueda dar fruto con los dones que le has dado. Gracias por mi esposa, Señor.

En el nombre de Jesús.

Amén.

PEDIR POR MI ESPOSO

Oración basada en Efesios 5:22-24; 1 Pedro 3:1-6

Mi Padre:

Tú has sido muy bueno conmigo al darme un marido. Gracias por bendecirme con él como mi compañero. Gracias por su vida y su amor para contigo y para conmigo, que es un fruto de Tu amor para con nosotros. Padre, te pido que nos ayudes a someternos a ti en todo lo que hacemos, y guía a mi esposo a ser el líder de este hogar, que te busque con un corazón apasionado por ti, que su deseo primario sea ser más como Cristo. Ayúdame, Señor, a ser la ayuda idónea que lo complementa para servirte y adorarte. Dame por Tu gracia la obediencia de someterme a su liderazgo confiando en ti y orando para que él tenga sus ojos puestos en ti, Cristo. Ayúdanos a crecer en gracia y darnos gracia. Dale sabiduría para guiar este hogar en crecimiento espiritual; dale fuerzas para proveer y confiar en Tu provisión. Que juntos caminemos sabiendo que eres Tú quien nos sostiene en Tus brazos y que nada ni nadie podrá separarnos de Tu amor en Cristo. Que nuestra lealtad del uno al otro sea un fruto de nuestra lealtad a ti, que busquemos siempre trabajar en equipo para darte la gloria.

En el nombre de Jesús.

Amén.

ORACIÓN AL COMENZAR EL TRABAJO
O EL ESTUDIO

Por Timothy Keller

Mi buen Dios, Padre y Salvador:

Concédeme ayuda y fuerza mediante Tu Espíritu para trabajar de forma fructífera en mi vocación, que viene de ti; todo para amarte a ti y a las personas a mi alrededor, y no para mi propia gloria y ganancia. Concédeme sabiduría, juicio y prudencia, y la liberación de los pecados que me acosan. Ponme bajo el dominio de la verdadera humildad. Permíteme aceptar con paciencia cualquier cantidad de rendimiento o dificultad en mi trabajo que me des este día. Y, en todo lo que haga, ayúdame a descansar siempre en mi Señor Jesucristo y en Su gracia solamente para mi salvación y mi vida.

Óyeme, Padre misericordioso, por nuestro Señor Jesucristo.

Amén.

POR NUESTRO MATRIMONIO

Oración basada en Génesis 2:18-25; Efesios 5:22-33

Padre celestial:

Gracias por bendecirnos con el matrimonio y darnos como regalo esta unión entre mi cónyuge y yo. Mi Dios, reconocemos que Tú eres el autor del matrimonio; por eso, Señor, venimos delante de ti para que nos guardes.

Guárdanos de nosotros mismos, ya que somos pecadores; guárdanos de las mentiras de Satanás, que nos quiere separar, y guárdanos de ver el matrimonio como algo sin importancia. Mi Dios, que, en medio de los conflictos, Tú te muestres como nuestro Padre, que busca la reconciliación nuestra y que busca fortalecer esta unión, porque es una imagen de la unión entre Cristo y Su iglesia. Mantennos puros de pensamiento y de acción ante la tentación de ser infieles, ¡oh, Dios! Que nos mantengamos por Tu gracia y para Tu gloria firmes ante toda tentación de adulterio. Solo por ti y para ti, Señor, es que podemos refugiarnos en Tu poder para juntos caminar en santidad y en amor. Que nuestro matrimonio busque glorificar al Creador y Señor en todo tiempo; que en momentos de desánimo busquemos el gozo, la paz, las fuerzas y la humildad para venir a la Fuente segura y eterna, Cristo Jesús.

En Su nombre oramos.

Amén.

ORACIÓN POR LA CRIANZA DE LOS HIJOS

Oración basada en Deuteronomio 6:1-7; Salmo 127:3;
Efesios 6:4

Padre:

¡Cuán bueno eres! Me has dado la bendición de tener hijos. Ahora sé un poco más de Tu amor para con Tu Hijo Jesús y Tu amor para conmigo como Tu hijo adoptado en Cristo. Me has dado el regalo de ver a mis hijos crecer, pero esta tarea no es fácil, mi Señor. Muchas veces me encuentro cansado, confundido, desanimado y preocupado; por eso, Señor, vengo a ti para que me ayudes a criar a mis hijos. Tú me has llamado a apuntarles a Cristo, a pastorear su corazón para que vean la necesidad del Salvador.

Ayúdame en la disciplina de buscar un cambio de corazón y no solo un cambio de conducta; ayúdame a enseñarles Tu Palabra y que Tú la uses para que ellos vean a Cristo. Que vean a Cristo en mí. ¡Sí, Señor! Recuérdame que yo no soy su salvador o el estándar de perfección, sino que Tú lo eres. Señor, te necesito día a día en mi labor como padre. Que en los problemas yo venga a ti, que mi mayor refugio y deleite seas Tú, que cuando esté ansioso busque de ti en Tu Palabra y descanse en Tus promesas. Que mis hijos vean en mí una persona que ha sido y sigue siendo perdonada por Cristo, que busca cambiar en las fuerzas y por la gracia de Cristo, que vean un rápido arrepentimiento por mi pecado, y que vean el gozo verdadero que existe solo en Dios por Cristo.

En el nombre de Jesús.

Amén.

PEDIR POR NUESTROS HIJOS

Oración basada en Lamentaciones 2:19

Por Ernestina González

¡Señor, hoy levanto mis manos implorando por la vida de mis hijos!

Padre, ellos son Tuyos; antes de ser míos fueron y siguen siendo Tuyos. Guárdalos en Tu Palabra. Tu Palabra es verdad. Protégelos contra los dardos de fuego del maligno.

Dios bueno, yo te ruego que Tu Santo Espíritu toque sus vidas y los libre de las tentaciones que lleven a lastimarlos. Señor, apártalos de las drogas, del alcohol, de la pornografía, de la fornicación, de los falsos amigos. Padre, dales poder de discernimiento, pon en ellos espíritu de sabiduría, de verdad. Ayúdales a ser hombres según tu diseño; prepáralos para ser padres ejemplares, maridos de una sola mujer, sacerdotes de su hogar, líderes honestos y ciudadanos dignos de llamarse Tus seguidores.

Padre, bendice sus caminos; ábreles puertas de oportunidades donde puedan ser usados para darte honra y gloria. ¡Oh, Señor! ¡Levanta generaciones nuevas a través de ellos, de sus hijos y de los hijos de sus hijos! ¡Pon sed y pasión por ti en sus vidas! ¡Llénalos con el fuego de Tu Santo Espíritu para glorificarte! ¡Dales paz en medio de sus luchas diarias! Ayúdalos a vencer los gigantes que los acosan. ¡Padre, pelea Tú la batalla por ellos!

Para ti sea la honra y la gloria por siempre.

En el nombre de Jesús.

Amén.

PEDIR POR UN HIJO VARÓN

Oración basada en Efesios 3:16-19
Por Aixa García de López

Señor:

Gracias por darme esta herencia. Reconozco que mi hijo te pertenece. Te pido que lo persigas y lo venzas, lo atraigas hacia ti y lo hagas verte.

Que sea fortalecido en lo íntimo de su ser, al conocer el amor alto, ancho, largo y profundo de Cristo, que lo ha sostenido desde siempre.

Que proveas para su vida otros hombres llenos de Tu Espíritu que te amen a ti más que a sí mismos o a él, para que en verdadera comunidad, camine en disciplina y gozo. Que su fuerza sea llorar su debilidad ante Ti.

Que sueñe Tus sueños y haga Tu voluntad. Que su ambición sea una vida generosa en servicio y sacrificio, que sea el líder en pedir perdón y perdonar.

Que su vida privada sea lo más honroso para Ti. Que clame para ser íntegro en lo íntimo de su corazón.

Que su seguridad sea saber que es aceptado por el Padre por el trabajo terminado de Jesús a su favor, y no por los logros que se pueden colgar en la pared.

Que su corazón anhele la Palabra, para que todos los días y, poco a poco, muera él y vivas Tú.

En el nombre de Jesús.

Amén.

PEDIR POR UNA HIJA ADOLESCENTE

Oración basada en 1 Pedro 3:4

Por Aixa García de López

Señor:

Me diste una niña y, por Tu gracia, ahora está tan alta como yo.

Hoy que mi hija entra a otro capítulo, y yo también, acudo a ti otra vez.

Te pido que conozca más profundamente la verdad: que ella sola no se puede salvar y que su identidad está en Cristo, para que no espere un príncipe azul que la rescate y que tampoco sea engañada con eso de usurpar un lugar que no le asignaste. Que, a medida que se afiance en la Palabra, se convierta en una mujer hermosa de acuerdo a los estándares divinos.

Que el mayor tesoro de su corazón sea lo que jamás podrá perder para que se abandone a Tu voluntad con gozo y valentía.

Que descubra sus talentos para rendirlos y traer ganancias para el reino, que llegue a comprender Tu diseño para su vida, ame su primer ministerio y sepa que el Señor tiene en alta estima a una mujer que cambia el mundo mientras te sirve silenciosamente y medita en su corazón Tus maravillas.

Que sus tiempos contigo la definan.

En el nombre de Jesús.

Amén.

PEDIR POR NUESTROS HIJOS JÓVENES

Oración basada en Sal. 104:1-4; Prov. 3:5-6; 1 Ti. 6:12;
Ecl. 12; Deut. 28
Por Sandra De la Torre Guarderas

¡Te bendecimos! ¡Cuán grande eres, Señor!

¡Estás rodeado de majestad! ¡Te has vestido de luz!

¡Extiendes los cielos como un velo, fundas Tu casa sobre las aguas; las nubes son Tu carruaje y los vientos, Tus mensajeros!

Ante ti, Dios inmenso, presentamos a nuestros hijos para que confíen en ti y no en su propia inteligencia. Que te reconozcan en todos sus caminos para que Tú endereces sus pasos.

Rogamos que se alisten como soldados para la buena batalla de la fe y se aferren a la vida eterna.

Pedimos que se acuerden de ti antes que vengan los días malos, antes que se oscurezcan el sol y la luz, la luna y las estrellas, y vuelvan las nubes tras la lluvia.

Antes que se rompa el hilo de plata, se quiebre el cuenco de oro y el cántaro se destroce junto a la fuente. Que se acuerden siempre de ti, Dios mío, antes que su vida se vuelva vana ilusión.

Que te teman y guarden Tus mandamientos para que sean benditos en su hogar y en el camino, para que derrames a su debido tiempo la lluvia sobre su tierra y sea bendito el trabajo de sus manos.

En el nombre de Jesús.

Amén.

PEDIR POR UN DESEO MAYOR DE DIOS

Oración basada en Salmos 73:25; 1 Juan 4:10

Mi Dios:

Tu misericordia es tan maravillosa, Tu gracia tan sublime y Tu amor tan seguro y poderoso que has hecho que en mi falta de deseo por ti ahora tenga deseo por ti. ¿Cómo puede ser que pueda decir te amo mi Dios? Solo por ti es que puedo amarte porque Tú me amaste primero; aun así, Señor, muchas veces mi deseo por ti no es continuo. Perdóname porque soy tan pronto a saciarme con cosas pasajeras y vanas; mi deseo por ti es variable por mi pecado, pero es aquí cuando Tu amor en Cristo se muestra con la gracia poderosa, porque me llena de Tu amor para poder amarte. Que en esos momentos cuando la falta de deseo por ti se incrementa, Tú te muestres como mi Señor y Salvador Jesús, para recordarme que lo que más deseo eres Tú. Ayúdame a ver que nada ni nadie me sacia como Tú, que, si te tengo a ti por gracia comprada en Cristo, nada deseo más que conocerte y deleitarme en ti. Incrementa en mi corazón un apetito por ti; que mi mente anhele conocerte más y que mi vista permanezca en Cristo.

En el nombre de Jesús.

Amén.

PEDIR POR NIÑOS CON CAPACIDADES DIFERENTES

Oración basada en el Salmo 139

Por Aixa García de López

Padre:

Para tantos de nosotros, los niños con capacidades diferentes de nuestro alrededor son desconocidos, pero Tú... Tú los moldeaste con Tus propias manos, como declara el Salmo 139. Como Tus pensamientos son mucho más altos que los nuestros, nos cuesta comprender por qué escoges diseñarnos con tantas diferencias, pero sabemos que cada uno de ellos es valioso para ti y una obra maravillosa, porque portan TU imagen.

Como cristianos que conocemos Tu Palabra y cuya mente ha sido cambiada, amamos a todos los niños, porque son Tuyos, no por lo que puedan lograr. Perdónanos porque como sociedad, preferimos huir y esconder todo lo que nos parece molesto o débil... perdónanos por dudar de tus planes perfectos para nuestras familias.

Ayúdanos a aliviar las cargas financieras, de cuidado físico o emocional para quienes han recibido a un hijo con capacidades diferentes como bendición. Ayúdanos a ser como Tú, que siempre corriste a amar a los más débiles. Que menos niños necesiten ser separados de sus familias porque más cristianos se acercan a sobrellevar sus cargas. Danos empatía y ternura para quienes tienen retos de este tipo.

Gracias por dejar escrito en Tu palabra que la culpa no es del niño que nace diferente ni de sus padres, y que logremos ver que Dios se glorifica también cuando un niño no se sana.

Cambia nuestra mente y corazón.

En el nombre de Jesús.

Amén.

PEDIR POR LA ADOPCIÓN

Oración basada en Efesios 1:4-5
Por Aixa García de López

Señor:

Éramos extranjeros, separados de ti, enemigos de Tu nombre, pero en amor nos predestinaste para ser adoptados como hijos, para la gloria de Tu nombre. Hemos experimentado Tu amor sacrificial en lo que hiciste al vestirte de carne y hueso, y morir en la cruz en lugar de nosotros, para traernos a Tu propia casa y darnos un nuevo nombre.

Hoy, rogamos que Tu Iglesia se levante y haga visible ese evangelio. Que muchas más familias te digan «SÍ» y, en obediencia gozosa, den la bienvenida a niños que hoy por hoy sufren sin raíces o verdadera identidad.

Que puedan comprobar que todos los niños son herencia de Dios y cosa de gran estima y que, al ser padres para Tu gloria, mueran a sí mismos y veamos un reino fuerte por abrazar al débil.

Que rompas las ideas humanistas acerca de la paternidad y que Tu pueblo brille como debe: sacrificándose como Tú te sacrificaste, dando todo al que no tiene nada. Que no nos amedrente tomar el reto de abrazar como nuestros a niños mayores o grupos de hermanos; que nos ATERRE no hacer Tu voluntad.

Que las iglesias se inunden de familias multicolores que te necesiten más porque han decidido obedecer y vivir por fe.

Que más púlpitos prediquen cómo TÚ nos adoptaste y que eso sea motivo de nuestra mayor alegría.

Que muchos más hijos biológicos puedan abrir sus

corazones para recibir hermanos con los cuales compartir sus papás, abuelitos, tíos, primos, cuartos, juguetes y comida. Que en unos años veamos una generación menos embriagada de sí misma y más decidida a hacer Tu voluntad, porque sus padres no tuvieron miedo de adoptar.

Que más niños que hoy se rigen por el miedo sean liberados al amor por hombres y mujeres que digan sí a la adopción.

En el nombre de Jesús.

Amén.

PEDIR POR NUESTROS PADRES

Oración basada en Éxodo 20:12; Efesios 6:1-3

Padre celestial:

Gracias por mis padres, gracias por usarlos por tantos años para cuidarme y suplir mis necesidades. Cuento como una bendición de Tu parte el que me hayas dado a estos padres que, aun con sus pecados, como los míos, han sabido amarme, instruirme y buscar lo mejor para mí. Ahora, Señor, te pido que les sigas mostrando más de Cristo, que mi prioridad para obedecerlos y honrarlos sea mostrarles a Cristo y orar por ellos. Mi Dios, guía a mis padres a crecer en su conocimiento de ti; que sus afanes, temores y preocupaciones sean llevados a ti por medio de Cristo. Recuérdales que sus fortalezas han sido dadas por ti, que sus pecados han sido perdonados por ti en Cristo; que puedan desear como padres ser más como el Padre perfecto que eres Tú. Cuídalos y dame el gozo de tenerlos muchos años más; que su vida aquí en la Tierra sea un reflejo de su fe en Cristo para la vida venidera; que los problemas que vienen con el paso de los años sean un medio para que juntos conozcamos más de nuestro Tesoro Supremo, Cristo.

En el nombre de Jesús.

Amén.

ORACIÓN AL LEVANTARTE

Por Timothy Keller

Mi Dios, Padre y Salvador:

Puesto que te has complacido en darme la gracia de sobrevivir la noche al día presente, ahora concédeme que pueda emplearla enteramente para Tu servicio, a fin de que todas mis obras sean para Tu gloria y para la edificación de mi prójimo. Así como te ha complacido hacer brillar el sol sobre la Tierra para darnos luz corporal, concédeme la luz de Tu Espíritu para iluminar mi entendimiento y mi corazón. Y, por cuanto no significa nada comenzar bien si uno no persevera, te pido que continúes aumentando Tu gracia en mí hasta que me lleves a la plena comunión con Tu Hijo, Jesucristo mi Señor, quien es el verdadero Sol de nuestras almas, que brilla día y noche, eternamente y por los siglos.

Óyeme, Padre misericordioso, por nuestro Señor Jesucristo.

Amén.

PEDIR POR LA UNIÓN FAMILIAR

Oración basada en Josué 24:15

Padre celestial:

Al ver a mi familia veo muestras de Tu gracia día a día. Esas muestras de Tu gracia se notan con tan solo ver que todos amanecieron bien, que hay comida en la casa y que Tú has provisto todo lo que necesitamos. Aun cuando veo que hace falta algo, Tú te muestras como el proveedor de esta familia, sea al dar lo que necesitamos o darnos la paz en medio de la espera. Dios, deseamos que Tú seas el centro de nuestro hogar, que cada miembro de esta familia pueda ver día a día a Cristo como la cabeza de este hogar. Dios, ayúdanos como padres a guiar a nuestros hijos en las disciplinas espirituales; que busquemos el tiempo para estudiar Tu Palabra, para cantar juntos, para compartir risas y lágrimas juntos; únenos, Señor, en Tu amor. Ayúdame, como esposo y padre, a tomar el liderazgo para caminar dependiente de Cristo. Ayúdame, como esposa y madre, a venir al lado de mi esposo para que nuestros hijos vean un equipo unido en Cristo y para Cristo. Gracias por nuestra familia; que por la gracia de Dios en Cristo y por el poder del Espíritu Santo podamos decir como Josué:
«Yo y mi casa serviremos al SEÑOR».

En el nombre de Jesús.

Amén.

PEDIR POR LA LLENURA DE LA PALABRA DE DIOS

Oración basada en Deut. 8:3; Col. 3:16; 1 Ped. 2:2-3

Mi Señor:

Tal como el pueblo de Israel, veo que me recuerdas una y otra vez que no solo de pan vivo, sino que vivo de todo lo que procede de Tu boca, SEÑOR. Muchas veces veo que mi vida está siendo gobernada por lo que tengo o no tengo, por lo que los demás dicen, pero no por lo que tu Palabra dice. Así que, mi Señor, ayúdame a confiar en Tu Palabra, porque es en ella donde encuentro promesas seguras para anclar mi alma. Dame el deseo por Tu Palabra tal como ese bebé que desea la leche de su madre; que mi vida sea caracterizada por una constante búsqueda de ti en tu Palabra. Que en momentos de duda venga a buscar seguridad en Tu Palabra; que en momentos de cansancio venga a conocer más de ti en Tu Palabra, porque fue por la predicación de Tu Palabra que escuché el evangelio para salvación, y es por medio de Tu Palabra que crezco en Tu salvación. Dame la habilidad y el deseo de memorizar Tu Palabra porque es de esa manera que ella habita en abundancia dentro de mí; permíteme no solo memorizarla, sino por Tu gracia vivirla para Tu gloria.

En el nombre de Jesús.

Amén.

PEDIR POR MI TRABAJO

Oración basada en Mat. 6:33; Rom. 5:5; 1 Cor. 10:31

Mi Padre celestial:

Tú sostienes mi vida, guardas mi salida y mi entrada, me has llamado a salvación en Cristo y has derramado Tu amor en mí por medio del Espíritu Santo.

Tú y solo Tú eres mi Dios que sabe lo que necesito; por eso, Señor, vengo a ti para que mi confianza no esté en mi trabajo, sino en ti. Sé que es fácil poner mi seguridad en lo que me has dado, pero, Dios, mi trabajo es un medio para poner mi confianza en quien me ha dado este trabajo: Tú. Así que ayúdame a trabajar con gozo, paz y confianza en que eres Tú quien me ha dado este trabajo y en ti descanso. Ayúdame, Señor, a trabajar para dar a conocer a Cristo; que los dones y talentos que me has dado sean vistos no para mi gloria, sino para Tu gloria. Que mi trabajo sirva como un medio para que otros vean al proveedor por excelencia: Cristo. Que encuentre mi esperanza en buscar primero Tu reino y Tu justicia porque todo lo demás vendrá conforme a Tu voluntad. Gracias por darme este trabajo para liderar, sustentar y proteger a mi familia.

En el nombre de Jesús.

Amén.

PEDIR POR PROVISIÓN

Oración basada en Mateo 7:7-12; Romanos 8:29-30

Mi Dios:

Confío en Tu gracia venidera al mirar Tu gracia pasada. Tú siempre has provisto todo lo que necesito; gracias por ser mi sustentador en Cristo. Ayúdame a creer en ti y en Tu sabiduría en este tiempo en que no tengo trabajo; no dejes que la duda llene mi corazón ni que Satanás use este tiempo para traer temor a mi vida; al contrario, usa este tiempo para recordarme que Tú estás en control. En tiempos pasados he visto cómo Tú sustentaste a mi familia y día a día nos sostuviste con Tu bondad. Confieso que a veces me cuesta entender por qué permites estos tiempos de necesidad, pero como mi Buen Padre me recuerdas que estos tiempos son los que me guían a aferrarme a ti y confiar en Tus promesas. Porque si entregaste a Tu Hijo y no detuviste Tu plan de salvación, ¿cómo no sostendrás mi día a día? Que mi fe esté en ti y que descanse en Tu buena soberanía. Que me ayudes a ser diligente en la búsqueda de un trabajo; que permitas que pueda encontrar un trabajo, pero siempre reconociendo que Tú ya tienes escrita la historia de mi vida.

En el nombre de Jesús.

Amén.

PEDIR POR MI COMUNIDAD

Oración basada en Mateo 5:13-16

Mi Dios:

En Tu providencia me has puesto en este lugar para vivir, me has traído a este lugar con el propósito de darte a conocer. Por eso, Señor, te pido que esta casa sea un lugar que muestre la luz de Cristo, que mis vecinos y toda persona que entre a esta casa vea el amor y la gracia de Cristo en nosotros. Que la luz de Cristo les haga ver la necesidad del Salvador; danos oportunidades para establecer relaciones reales y significativas con nuestros vecinos. Que no piensen que son tal solo un proyecto para ser convertidos, sino que en realidad podamos mostrarles que han sido hechos a Tu imagen y semejanza. Que vean en nosotros que con nuestra vida deseamos depender en todo momento de Cristo, que es el único perfecto. Que en las oportunidades que tengamos las usemos con sabiduría para crecer juntos; que esa gracia Tuya que recibimos diariamente les sea otorgada para que por Tu gracia Cristo los llame a salvación. Que podamos servirles y aprender de ellos, ya que Tú les has dado muchas habilidades para el bien común. Pero que estas habilidades sean medios para mostrarles al Dador de todo: Dios.

En el nombre de Jesús.

Amén.

PEDIR POR LAS IGLESIAS

Oración basada en Mateo 16:17-19; 28:18-20; Juan 17:17;
Apocalipsis 5:9-10

Padre Señor:

Desde siempre has deseado crear una comunidad en la cual Tú seas glorificado, y en Cristo has comprado personas de toda lengua, tribu y nación. Estas personas son la iglesia y son la comunidad de Cristo que representan el reino de Dios en la Tierra. Es Tu reino, Dios, y es en Cristo que la iglesia prevalecerá y nada ni nadie podrá detener Tu plan con Tu iglesia. Así que, Señor, moviliza a Tu iglesia para que esté centrada en Tu Palabra; que todo lo que enseñe, cante y viva esté arraigado a Tu Palabra; que su deseo primario sea ser discípulos fieles que hagan discípulos para que conozcan a Cristo. Señor, que Tu iglesia sea conocida por el amor que sus miembros se tienen el uno por el otro; que lo que nos una sea el amor de Cristo; que en momentos de corregir falsas enseñanzas busquemos cimentarnos en Cristo y Su Palabra. Tal como nuestro Señor y Salvador Cristo oró, pedimos para que Tú, Padre, santifiques a Tu iglesia en la verdad; Tu palabra es verdad. Que sea evidente por los frutos del Espíritu que la comunidad de Cristo es aquella que ha sido regenerada por fe y gracia en Cristo Jesús.

En el nombre de Jesús.

Amén.

ORACIÓN PARA ANTES DE ACOSTARTE

Por Timothy Keller

Señor Dios:

Ahora concédeme la gracia no solo para que descanse mi cuerpo esta noche, sino también para que tenga reposo espiritual, en el alma y en la consciencia, en Tu gracia y Tu amor; que me pueda desprender de todas las preocupaciones terrenales para sentirme confortado y aliviado en todo sentido. Y porque no hay día que pase que no peque de muchas formas, por favor, entierra todas mis ofensas en Tu misericordia; que no pierda Tu presencia. Perdóname, Padre misericordioso, por el amor de Cristo. Y mientras duermo para despertar tranquilamente otra vez solo por Tu gracia, mantenme gozoso y con un vivo recuerdo de que no importa lo que ocurra; sé que al final me levantaré, por la resurrección, porque Jesús murió por mí, y se levantó para mi justificación.

En Su nombre oro.

Amén.

PEDIR POR LOS MISIONEROS

Oración basada en Romanos 10:14-15; 2 Corintios 5:20-21

Padre:

En Tu plan soberano has diseñado salvar a pecadores para que anuncien el evangelio de Cristo. Este llamado a salvación es glorioso, pero también el llamado a ser testigos de Cristo es maravilloso. ¡Cómo no darte gloria cuando no solo me salvaste, sino que también me has llamado a servirte! Es una bendición el ser testigo del Dios verdadero y poder en Tu sabiduría presentar defensa del evangelio. Ayúdame, Señor, a tener gracia y amor para ser un agente que busque la reconciliación de otros contigo Dios en Cristo. Gracias por aquellos que has llamado para dirigirse a otra cultura, aprender otro idioma y dejar la comunidad para que otros escuchen el nombre de Cristo. Gracias por estos hermanos que predican a Cristo en lugares donde no se conoce de Cristo. Guárdalos, provéeles todo lo que necesiten, fortalece a sus familias e iglesias, y recuérdales en tiempos de soledad y cansancio «¡Cuán hermosos son los pies de los que anuncian el evangelio del bien!». Que vean fruto en sus vidas y por medio de ellos, que vean que Cristo está siendo atesorado y proclamado como Señor y Salvador.

En el nombre de Jesús.

Amén.

PEDIR POR UNA PAREJA

Mi Dios:

Espero en ti, aun cuando me es difícil saber que no ha llegado la persona que tienes para mí. Señor, no es fácil ver que otros ya han encontrado la persona que Tú habías preparado para ellos y yo todavía estoy solo. Pero dame fe y gozo en este tiempo, porque, mientras espero, si está en Tu voluntad conocer a esa persona con la quizás me case, Dios, quiero más de ti; usa este tiempo para que mi seguridad venga de ti y no porque tenga a alguien; que mi gozo se fortalezca en ti y no porque tenga con quien reír. Ayúdame a ver que muchas cosas que podría hacer con una persona las puedo hacer con la comunidad de creyentes que me has dado. Que use este tiempo para conocer más de ti en Tu Palabra, ver qué áreas de mi vida tienen que ser cambiadas; que mi identidad esté firme en Cristo. Ayúdame a esperar y confiar en que Tú ya tienes escrito todo lo que ha de suceder en mi vida, incluso si me he de casar. Que si viene esta persona, ambos podamos estar seguros de que esta relación ha sido orquestada desde la eternidad por nuestro Señor y Salvador Jesús. Que Tu señorío sobre mi vida sea evidente en mi espera y que, cuando me impaciente, me llenes de Tu Espíritu para dar fruto de paciencia.

En el nombre de Jesús.

Amén.

PEDIR POR FORTALEZA EN LA SOLEDAD

Oración basada en Isaías 41:10; Juan 14:3; Hebreos 4:14-16

Mi Padre:

Me siento solo; a veces siento temor y me desanimo; por eso vengo a ti. Tú y solo Tú sabes verdaderamente cómo me siento. Recuérdame Tu grandeza y Tu cercanía; que en medio de esta soledad Tú te muestres como mi fortaleza. Aun cuando Satanás quiera usar este tiempo como un medio para que yo dude de ti, usa este tiempo para mostrarme que Tú estás conmigo. ¿Quién más que Tú para fortalecerme? No encuentro en ningún lugar el ánimo y el gozo que solo hay en ti, por eso, Padre, recuérdame que Tú eres mi Dios, que en medio de la debilidad Tu grandeza y poder están a mi favor en Cristo. Recuérdame Señor que por medio del Espíritu Santo Tu presencia reside en mí. ¡Oh, Tu cercanía!

Solo por Cristo he podido venir a ti, solo por Él es que puedo entrar confiadamente ante el trono de la gracia, así que, Dios, que mi descanso en medio de la soledad sea Tu presencia segura y verdadera, que mi confianza sea que Tú estás para conmigo en Cristo. Tu presencia no solo es segura ahora, sino que también has prometido regresar para llevarme a gloria con Dios por el resto de la eternidad.

En el nombre de Jesús.

Amén.

PEDIR POR NUEVAS FUERZAS EN EL DESÁNIMO

Oración basada en Isaías 40:28-31

Padre:

Tú eres el Creador.

Tú eres el Soberano Dios. Tú no necesitas nada, pero yo soy una criatura que te necesita a ti. Cuando me veo con tantas cosas que hacer y sin terminar, con diferentes preocupaciones, con ansiedades y problemas, mi inmediata reacción es el desánimo. Pero es aquí en donde me recuerdas que yo no soy Dios, yo necesito descansar, yo no tengo el control de las cosas, yo me canso.

Así que, Dios, recuérdame que no me has llamado a salvación en Cristo para independizarme de ti; al contrario, Señor, día a día me muestras cuán dependiente soy de ti. Perdóname, Señor, por querer tener las cosas en mi control, por hacer las cosas a mi manera, por no confiar en ti hasta el punto de no poder dormir. Pero gracias porque mi confianza está en ti, mi Dios, Dios eterno, que no se cansa ni se fatiga, quien me da fuerzas; por eso espero en ti.

Mi Dios que trasciende todo lo creado y que no es controlado por el tiempo, pues Tú eres el Creador del tiempo, que en mi desánimo encuentre el ánimo en mi Señor.

En el nombre de Jesús.

Amén.

PEDIR POR PAZ EN MEDIO DEL TEMOR

Oración basada en Romanos 8:14-17; Filipenses 4:4-7;
Colosenses 3:1-3

Padre celestial:

A veces siento temor, temor a lo que pueda suceder a mi familia, temor al futuro, aun cuando sé que estoy contigo. Sé que no debo tener este temor y por eso te pido perdón, y vengo a ti para descansar y confiar. Guárdame de creer en las mentiras de Satanás, que busca poner temor en mí, y recuérdame que por Cristo ya el temor más grande a la condenación eterna ha sido removido, pues me has dado un espíritu de adopción para clamar a ti: «¡Abba, Padre!»

Tú me has adoptado en Cristo y por el Espíritu; ahora traigo a ti mis temores que me llevan a la ansiedad, pero descanso en que has prometido que, en vez de temor, me darás gozo y paz, y guardarás mi corazón y mente en Cristo Jesús. Que en momentos de temor recuerde que mi vida está escondida con Cristo en Dios, que mi vida está siendo guardada en la mano del Dios Todopoderoso y en la mano de Cristo mi Salvador. Por lo tanto, no tengo motivos para temer, ya que nada ni nadie podrá arrebatarme de la mano de mi Dios y mi Señor Jesucristo.

Y es en Su nombre que oro.

Amén.

PEDIR POR EL GOZO Y LA PAZ DE DIOS

Oración basada en 2 Timoteo 4:6-8
Por Otto Sánchez

Bendito Dios:

Leer Tu Palabra me anima a seguir adelante. Cuando Tú estás con nosotros, vivimos con la conciencia de que el futuro te pertenece. Vivimos con la seguridad de que nuestras vidas están en Tus manos.

Al leer Tu Palabra veo la seguridad que viene a nuestra vida. Veo la vida del apóstol Pablo y deseo vivir con la misma convicción con la que él vivió.

Quisiera que, si por providencia Tuya puedo advertir que mis días en este lado del sol están por terminar, me concedas, Señor, que más que tomar esa ocasión con resignación, la tome con gozo, paz y esperanza.

¡Oh, mi Dios! Me asombra la naturalidad de Pablo en momentos en los que podía sentir el frío aliento de la muerte y que la orden de su ejecución ya estaba dictada; es esa la actitud que viene de la esperanza que tenemos en ti. Es la misma actitud que yo quiero tener tanto en tiempo de prosperidad como de escasez. En tiempos de guerras o en tiempos de paz. En tiempo de salud o enfermedad. Quiero deleitarme en cualquier adversidad que me lleve a Tus brazos de amor de los cuales nunca me podré zafar. Gracias mi Dios por ser mi paz y esperanza.

En el nombre de Jesús.

Amén.

PEDIR POR ESPERANZA EN LA TRIBULACIÓN

Oración basada en Salmos 27:13; 94:19
Por Carlos Contreras Álvarez

Querido Padre nuestro:

Hoy vengo a ti con mi alma llena de inquietud. Confieso delante de ti mi angustia y ansiedad por esta tribulación en la que me encuentro. Confío en Tu bondad aun sabiendo que Tú has permitido que esto venga a mi vida por todo este tiempo. Señor, Tú conoces mi debilidad y sabes que estoy tentado a rendirme. Pero, hoy lo que Tu Palabra me dice de Tu misericordia me anima a esperar que he de ver una señal de Tu bondad.

Señor, te pido que alientes mi corazón en medio de esta prueba tan difícil. Quiero perseverar confiando y esperando en ti, pero, por Tu gran gracia, te pido me permitas experimentar hoy de Tu bondad y consuelo. Así como parece que se multiplican mis problemas, que también se multipliquen las expresiones de Tu misericordia.

Señor, Tu gracia es suficiente para mí, permíteme deleitarme hoy en la dulzura de Tu presencia.

Que pueda hoy recordar y sentir que, en medio de mis dificultades, Tú permaneces junto a mí como nos prometes en Tu Palabra. Hoy espero en ti, mi Señor, en Tus bondades y misericordia. Hoy espero que uses esta prueba para producir fruto en mi vida, y una nueva alabanza por cada expresión de Tu amor y cuidado sobre mi vida.

Te lo pido en el glorioso nombre de Aquel que sufrió por mí, para que yo pueda estar seguro de que esta tribulación es pasajera y temporal.

Amén.

PEDIR PARA COMPRENDER EL AMOR DE CRISTO

Oración basada en Romanos 5:5; 8:33-39;
1 Corintios 2:10-16; 1 Juan 1:9; 2:1-2

Mi Padre:

Tu amor es tan perfecto en Cristo, tan inmenso
y profundo, pero tan cercano como para sentirlo en mí,
porque Tu amor ha sido derramado en mí por medio
del Espíritu Santo que me fue dado. ¿Cómo conocer tan
único amor? Solo por Tu misma revelación por medio del
Espíritu Santo es que, aunque fui necio a Tu amor, Tú
me llamaste con lazos de amor para nacer de nuevo por el
Espíritu.

Ahora, Señor, con la mente de Cristo, te pido que
tú me des una comprensión mayor de este llamamiento a
conocer más de Tu amor, que, en momentos cuando dude
de ese amor, Tú vengas y me guíes como mi Buen Pastor.
Que, cuando por la culpa que trae el pecado me siente
alejado de este amor por Tu santidad, me recuerdes que,
si confieso mi pecado, Tú eres fiel y justo para perdonarme y limpiarme de toda maldad. Pues la razón por la que
existe continuo perdón de pecados es por la obra perfecta
de Cristo en la cruz y Su salvación es segura. Que ante
toda acusación de Satanás mis ojos estén en Cristo, en mi
Abogado el Justo, en Su amor, porque en Él se encuentra
mi victoria y mi seguridad, porque nada podrá separarme
del amor de Dios que es en Cristo.

En el nombre de Jesús.
Amén.

PEDIR POR MIS FAMILIARES

Oración basada en 1 Juan 4

Padre Señor:

Gracias por darme una familia y por haber compartido momentos importantes de mi vida con ellos. Aun cuando no los puedo ver seguido, no olvido cómo los has usado en mi vida. Pero mi oración por ellos es que, tal como me diste el regalo de la salvación en Cristo, mi familia pueda venir a salvación por fe en Cristo. También te pido que los guardes y que cuides sus familias, que les proveas lo que necesitan y los rodees de personas que te amen y los orienten a Cristo. Mi Dios, que, en medio de la distancia, Tú seas quien nos una, que veamos esta distancia como temporal comparada con la eternidad con Cristo. Porque no hay mejor y verdadero amor que aquel que lleva a otros a conocer el amor de Dios en Cristo. Que en Tu soberanía permitas que podamos vernos de nuevo, recordar aquellos tiempos vividos que Tú permitiste que viviéramos, pero, sobre todo, si es Tu voluntad, en ese tiempo dales a conocer que mi tesoro supremo eres Tú, Jesús. Que vean que la satisfacción verdadera se encuentra en Cristo y no en lo que podamos acumular en la Tierra.

En el nombre de Jesús.

Amén.

PEDIR POR LA DEPRESIÓN

Oración basada en Salmos 16:11

Por Gaby Galeano

Padre:

Vengo a ti, con un corazón lleno de dolor y de angustia. Me consumen pensamientos y sentimientos de tristeza. Trato de recordar las cosas buenas y de tener gratitud en mi corazón para no sentirme así, pero como una ola fuerte la depresión me arrastra y siento que mis fuerzas se agotan. Mas Tú, oh Dios, eres mi libertador. Tú eres fuerte por mí. Recógeme, ¡oh Dios! Recuérdame que estoy sostenido por ti en Cristo y que, a diferencia de mí, Tú no te cansas. Señor, levántame con Tus fuerzas y hazme entender nuevamente por medio de Tu Espíritu Santo las riquezas de esperanza, paz y fortaleza que hay en Tu Palabra. Recuérdame, Señor, que en Tu presencia está la plenitud del gozo que ha sido comprado por Cristo y que estás conmigo. Para que en tiempos en que la depresión nuble mi mente y mi corazón, Tu mano derecha me recoja, me abrace, y me recuerde el gozo de mi salvación en Cristo, el gozo verdadero y profundo que encuentro solo en ti. Mi corazón reposa en ti, oh mi amado y cercano Dios.

En el nombre de Jesús.

Amén.

PEDIR POR AMOR PARA EL QUE ES DIFÍCIL DE AMAR

Oración basada en 1 Juan 4:7-21; 5:1-4

Padre:

¿Cómo amar a una persona que es tan difícil de amar? Cuando sus miradas y comentarios duelen, cuando sé que busca hacerme sentir mal, ofenderme aun con su silencio e indiferencia. Me es muy difícil poder encontrar el deseo de amar a esta persona, no quiero caer en la misma hipocresía de esta persona y solo saludar por saludar. ¿En dónde busco el amor para amar? Es aquí donde te pido que me ayudes, Señor; ayúdame a ver que esa persona difícil de amar, ha sido creada por ti. Ayúdame no solo a verla como una criatura como yo, sino también a verme yo mismo en ella.

Dame ojos espirituales para entender que Tu amor por mí no surgió porque yo fuera fácil de ser amado, sino que, al contrario, siendo yo Tu enemigo, Tú me amaste. Dios, que Tu amor en Cristo para conmigo sea la fuente que me lleve a dar esa gracia que recibo día a día de ti. Que mi amor para con esta persona sea un fruto de Tu amor para conmigo, por medio del poder del Espíritu Santo. Que, en momentos en que me cueste amar, mi mirada esté en Tu gran amor para conmigo y sirva como un medio para dar ese gran amor en Cristo a otros.

En el nombre de Jesús.

Amén.

PEDIR POR UN AVIVAMIENTO EN LA IGLESIA

Oración basada en Salmos 118; 1 Pedro 2:4-8

Padre:

Para siempre es Tu misericordia, para siempre es Tu gloria y Tu bondad. ¡Oh, Dios! Que Tu iglesia diga confiada que Tú eres su fortaleza, su canción y su salvación. Dios, tal como trajiste ese gran avivamiento de la Reforma, te rogamos que traigas un nuevo avivamiento a Tu iglesia. Te pedimos perdón porque gran parte de la iglesia se ha apartado de Tu Palabra; en vez de enseñarla con reverencia y fidelidad, ahora enseña nuevas revelaciones dadas por hombres. Dios, perdónanos y has que regresemos a Tu Palabra; que la Piedra que sostiene a la iglesia sea mostrada como Cristo, la Piedra Angular. Que cada creyente sea avivado por ti para encontrar su todo en Cristo, que toda afirmación de fe sea fiel a la Escritura, que toda falsa enseñanza sea corregida a la luz de la Escritura, que la confianza de todo crecimiento espiritual sea la que produzca una fiel predicación de Tu Palabra. Que ancianos, adultos, jóvenes y niños deseen por gracia conocer y venir a adorar a Dios en Cristo y por el poder del Espíritu Santo. Que el mundo vea un compromiso total de Tu iglesia de no negociar o adaptar Tus enseñanzas para que sean más relevantes, porque lo único que siempre es relevante es Tu Palabra.

En el nombre de Jesús.

Amén.

PEDIR POR LA RECONCILIACIÓN

Oración basada en Colosenses 3:12-17

Por Gaby Galeano

Padre amado:

Te agradezco porque en todo tiempo puedo venir a ti. Tú deseas que yo tenga paz con las personas que me rodean y, por lo tanto, quiero seguirte en obediencia al buscar la reconciliación. Necesito de Tus fuerzas y de Tu poder para tener la humildad para pedir y recibir perdón de la persona con la cual tuve este conflicto. Señor, ayúdame a ver los problemas como Tú los ves. A no ver el pecado de la otra persona peor que mi propio pecado, sino a tener compasión, humildad, amor y paciencia. Guíame a saber en qué áreas estoy fallando en mi relación con esta persona y en qué áreas la he herido. Guíame a saber cómo comunicar mi frustración, mi dolor y mi enojo, para que no sean mis heridas y mi enojo los que guíen mi comportamiento con esta persona, sino que Tu Espíritu Santo me guíe a mostrar misericordia, esa misericordia que tanto he necesitado de ti y que Tú me das en abundancia.

Padre, ayúdame a entender que la meta de un conflicto no es encontrar quién gana y quién pierde. La meta de un conflicto es buscar honrarte y glorificarte al soportarnos, perdonarnos y mostrarnos unos a otros la gracia de Cristo.

¡Oh, Dios, te necesitamos y te rogamos que seas Tú quien obre en nosotros para Tu gloria y la unión de Tu iglesia!

En el nombre de Jesús.

Amén.

PEDIR POR PROTECCIÓN DEL ENEMIGO

Oración basada en Mateo 6:13; Lucas 22:31-32;
Efesios 6:11-18; 1 Pedro 5:6-9; Apocalipsis 1:8

Padre:

Tú no temes a nadie; no hay nadie quien tenga
Tu poder ni hay nadie que pueda enfrentarte y ganar.
Pero nosotros, como Tus ovejas, somos amenazados por
Satanás y sus mensajeros. El mismo Satanás anda como
león rugiente buscando a quién devorar, pero, porque
Tú eres nuestro Buen Pastor, venimos para que, tal como
oraste por Pedro, nos guardes para que nuestra fe no
falle. Que Tu poder sea evidente en nosotros, mientras
nos humillamos ante ti y nos vestimos con Tu poderosa
armadura y resistimos por ti a Satanás. Recuérdanos
que Tuya es la victoria, que los días del maligno están
contados, su destino seguro a la eterna perdición.
Ayúdanos a descansar en Tu cuidado, en Tu soberanía,
y a ser fieles testigos de Cristo. Que Tu gracia nos lleve a
la obediencia por medio del Espíritu para que nuestra fe
sea fortalecida en Cristo. Gracias por guardarnos en Tu
mano poderosa; Tú eres el Dios poderoso; Tú eres el Alfa
y la Omega, el Principio y el Fin; nadie como Tú, ¡Oh,
Yahweh! Que, ante los ataques de Satanás, Tu provisión
de fe, gracia y paz sea más evidente para la gloria Tuya y
nuestro gozo en ti.

En el nombre de Jesús.

Amén.

PEDIR POR PROTECCIÓN CONTRA
FALSOS MAESTROS

Oración basada en 2 Timoteo 4:1-4; 2 Pedro 2;
1 Juan 4:1-6

Padre:

Gracias por darnos salvación, gracias por darnos a Cristo; gracias por darnos Tu Palabra, gracias por darnos al Espíritu Santo. Gracias por siempre estar cuidando Tu rebaño, Cristo; sabemos que en estos últimos tiempos se levantarán varios que se harán pasar como parte del rebaño para engañar a Tus ovejas. Por eso, Señor, te pedimos para que nos guardes de desear escuchar a aquellos que promueven enseñanzas que están centradas en nuestros deseos terrenales y que no están centrados en los planes eternos escritos en Tu Palabra. Señor, que todo lo que escuchemos sea filtrado por medio de Tu Palabra, que la balanza de verdad no sea lo que pensamos, sentimos, o lo que la cultura dice, sino que el estándar de verdad sea la verdad de Tu Palabra. Cuídanos de querer escuchar lo que el corazón engañoso desea escuchar; que nuestros oídos estén atentos a todo lo que se dice para discernir si esto viene de ti y está conforme a Tu Palabra. ¡Cuán bueno eres! Nos has dado Tu Palabra para usarla contra toda falsedad; no nos has dejado solos; Tú estás con nosotros y nos has dado pastores que nos guíen a Tu Palabra. Por eso, ayuda a estos pastores a ser fieles a ti en su enseñanza, pero también a la iglesia que escucha a ser fiel a Tu Palabra.

En el nombre de Jesús.

Amén.

PEDIR POR PROTECCIÓN CONTRA EL LEGALISMO

Oración basada en Josué 1:7-8; Hebreos 4:16; 12:1-2

Padre:

Tú conoces todo deseo interno de mi corazón y por qué hago las cosas. Por eso, Señor, te pido que me guardes de hacer lo que hago con base en lo que yo pienso que está bien o mal. Recuérdame que Tú has dado a la iglesia Tu Palabra para ser la guía de toda fe y práctica de la iglesia. Guárdame de hacer de mis convicciones un igual a Tu Palabra; que no me aparte ni a la derecha ni a la izquierda de Tu Palabra y que esta no se aparte de mi boca, sino que en ella medite. Para que al tomar decisiones lo que gobierne mi vida no sea lo que yo pienso que es bueno o malo, sino que Tu Palabra dicte en mi vida lo que Tú dices que es bueno o malo. Dame sabiduría y gracia ante cualquier situación en donde la respuesta no sea tan fácil de saber, pero rodéame de otros hermanos que me apunten a lo que dice Tu Palabra. Que mis ojos estén en Cristo, pues es por Su obediencia que puedo estar ante Tu trono de gracia; solo por Él es que puedo ser justo y perdonado; que mi obediencia sea el fruto de la obra continua del Espíritu Santo en mí para darle gloria a Dios en Cristo. Mantén mi mirada en Cristo porque Él es el autor y consumador de mi fe.

En el nombre de Jesús.

Amén.

PEDIR POR PROTECCIÓN CONTRA EL LIBERALISMO

Oración basada en Romanos 6; 2 Corintios 3:17-18;
Gálatas 2:20

Padre:

Gracias por la libertad en Cristo. Solo por Él es
que somos libres de la esclavitud del pecado, pero ayúdanos a entender que esta libertad no es para pecar, ni para
relajarnos en la lucha por la santidad. ¡No! Esta libertad
es para ser y hacer lo que por Cristo ahora podemos ser y
hacer: hijos perdonados, justificados y reconciliados para
amarte, obedecerte, conocerte, disfrutarte y glorificarte.
Porque ¿cómo seguir viviendo en una continua búsqueda
del pecado si hemos muerto al pecado? Así que, guíanos
por medio del Espíritu Santo a vivir en la libertad de Cristo para obedecer al Padre en todo momento por Su gracia.
Que vivamos vidas que den fruto de Tu salvación, vidas
que han sido transformadas para observar la gloria de Dios
en Cristo. Ayúdanos a vivir no para lo que ha muerto, el
pecado, sino para quien está vivo, Cristo. Que esta vida
aquí en la Tierra la vivamos por fe en Tu Hijo Jesús, el cual
nos amó y se entregó a sí mismo por nosotros; que nuestra
vida no solo profese a Cristo, sino que viva para Cristo.

En el nombre de Jesús.

Amén.

PEDIR POR INFLUENCIA EN LA CULTURA

Oración basada en Juan 17:15-19; 2 Corintios 5:16-17;
Colosenses 1:16-18

Dios:

Tú has llamado a salvación a personas que has dotado con diferentes dones y talentos con el propósito de vivir con integridad y sabiduría en un mundo caído. Padre, Cristo oró no para que nos sacaras del mundo, sino para que nos guardaras del maligno; por eso mismo, pedimos que nos ayudes a tener un impacto cristocéntrico en nuestra cultura. Ya que en Cristo todo ha sido transformado y aun cuando esperamos la renovación de esta Tierra y los nuevos cielos, ayúdanos a vivir queriendo transformar la cultura. Señor, danos sabiduría para saber cuándo afirmar algo bueno en la cultura, pero también cuándo redimir conceptos y actitudes en la cultura que están mal delante de ti. Dios, ayuda a Tu iglesia a ser movilizada semana tras semana en colegios, universidades, oficinas y en donde nos encontremos para conducir nuestra cultura a Cristo. Que la iglesia no se adapte a la cultura, pero que tampoco se esconda de la cultura. ¿Pues quién creo la música, el arte, la medicina, entre otras cosas? Tú, Dios, eres el Creador de todo lo bueno; por eso te rogamos que nos ayudes a predicar a Cristo en cada ciudad, que Cristo sea magnificado en todo y que tenga la supremacía en cada lugar.

En el nombre de Jesús.

Amén.

PEDIR PARA ADORAR EN ESPÍRITU Y EN VERDAD

Oración basada en Juan 4:24; Romanos 12:1-2

Padre:

Gracias por darle a Tu iglesia el regalo de la adoración. Qué maravilloso saber que Tú has creado alabanza para Tu gloria, que eres quien ha dado a la iglesia la bendición de adorarte. La adoración tiene un centro y una meta; el centro y la meta eres Tú, nuestro Dios trino. Por eso mismo, todo aquel que adora al Señor tiene que hacerlo en espíritu y en verdad, y esto es ahora posible porque Cristo murió para darnos perdón de pecados y salvación, y por medio del Espíritu Santo darnos vida espiritual y guiarnos a toda verdadera adoración. Así que, mi Dios, te rogamos que guíes a Tu iglesia a una verdadera adoración, que lo que cantemos sea cristocéntrico, que sea fundamentado en Tu Palabra, que busque Tu gloria y no la nuestra, que sea para ti y no para nosotros. Danos, Señor, un deseo mayor para que en nuestra adoración todo nuestro ser esté involucrado, para así ser transformados mientras cantamos canciones que renueven nuestra mente, y nos guíen a conocerte mejor. La adoración es Tuya y para ti; levanta hombres y mujeres con talentos para guiar a Tu iglesia en verdadera adoración.

En el nombre de Jesús.
Amén.

PEDIR POR LA UNANIMIDAD EN LA IGLESIA

Oración basada en Hechos 2:41-47

Padre:

Tú disfrutas desde siempre una perfecta unidad entre Tu Hijo y el Espíritu Santo, es por esta unidad que la iglesia ha sido unida a la unión eterna de nuestro Dios trino. Esta unidad ha sido comprada por Cristo en la cruz y damos gracias por unirnos a Él. ¡Hermosa unión!

Señor permite que esta unión sea vivida día a día en la iglesia; que podamos disfrutar y obrar lo que Tú ya has comprado, la unidad de la iglesia. Que la iglesia, como cuerpo de Cristo, muestre la unidad entre sus miembros; que la iglesia como la familia de Dios muestre el amor entre los hermanos; que Tu iglesia viva de este lado de la gloria lo que hará por el resto de la eternidad, unida adorando a Dios. Así que, Padre, tal como vemos en la primera iglesia un compañerismo y una unanimidad, que veamos ese mismo amor hoy entre nosotros. Que Tu Espíritu Santo nos guíe para vivir este tipo de compañerismo; que busquemos el bien del otro negándonos por la gracia Tuya y para Tu gloria. Que el mundo vea Tu amor perfecto en una comunidad imperfecta, pero que busca amarse al apuntarnos al que mostró el perfecto amor, Cristo.

En el nombre de Jesús.

Amén.

PEDIR POR UN DESEO MAYOR DE ORACIÓN

Oración basada en Efesios 6:17-20; Filipenses 4:4-7

Mi Padre:

Aunque no puedo creer que me des la bendición de hablar contigo, muchas veces no uso esta bendición. ¿Cómo puede ser que una criatura pueda hablar con su Creador? Solo por gracia es que Tú has creado la oración; Tú has iniciado la búsqueda y la conversación. Mi Dios, incrementa mi deseo de hablar contigo; ayúdame a crecer en mi dependencia de ti, que en todo tiempo busque de ti. Que vea la oración no como un deber para cumplir, sino como un regalo para recibir y abrir. Que la oración sea vista como un medio para conocer de ti. Que, ante la pereza, Tu grandeza me guíe a deleitarme en hablar contigo. Que vea la oración como mi adoración a ti, pues es en la oración que me humillo y mi fe es mostrada, porque en la oración busco a Aquel que es poderoso y el único que sostiene mi vida. Ayúdame Señor a tener la oración como prioridad en mi vida; que antes de salir de casa y al comenzar mi día, reconozca que necesito de Tu gracia en este día. Has crecer el fruto de la oración en mi vida; que Tus palabras por medio de Tu Palabra me guíen a responder con gozo en mi conversación contigo.

En el nombre de Jesús.

Amén.

PEDIR POR SEGURIDAD DE SALVACIÓN

Oración basada en Juan 10; 1 Juan 1:8-10; 2:1-2

Padre:

A veces dudo de mi salvación por pecados que veo en mí, pero también porque he escuchado que mi salvación no es segura. ¿Es esto cierto? ¿Es segura la salvación? ¡Oh Señor, muéstrame!

Permíteme encontrar la respuesta, no en mí o en lo que los demás dicen, sino en Tu Palabra. Porque escucho que, si todavía peco, nadie puede estar seguro de su salvación. Pero, cuando veo que Tú eres el Pastor de la ovejas, que diste Tu vida por ellas, que las conoces por nombre, que ellas te conocen y te siguen, y que nadie ni nada las podrá arrebatar de la mano de Tu Padre o de Tu mano, ¿no es esto una salvación segura? Ayúdame, Dios, a ver que la salvación es Tuya, que Tu sangre fue derramada por Tus ovejas para darles salvación segura. ¿Pero qué de mis pecados? No quiero ignorarlos, ni acostumbrarme a ellos, por eso te pido perdón y confieso mis pecados. ¿Quién podrá perdonarme? Solo Tú Jesús, mi Abogado; Tú eres fiel y justo para perdonarme, pues diste Tu vida por mí. ¡Oh, que yo pueda disfrutar del gozo de Tu salvación!

En el nombre de Jesús.

Amén.

PEDIR POR SANTIFICACIÓN

Oración basada en Hebreos 13:20-21; 1 Pedro 1:14-16

Padre:

Santo, santo, santo eres Tú; eres el único santo, y, aun cuando Tu santidad me separaba de ti, es por Tu santidad que me has acercado en Cristo y Su justicia. ¡Maravillo intercambio!

Cristo tomó mi pecado y me dio Su justicia, para que fuera perdonado, y a la vez me declaró justo delante del Padre. Gracias por Cristo, pues solo por Él he sido reconciliado contigo, y llamado a ser santo como mi Dios. Así que, mi Dios, ayúdame en esta lucha contra el pecado. Sé que mi llamado es a la santidad porque soy Tuyo. Pero ¿cómo vivir en santidad? Gracias, Señor, por enviar al Espíritu Santo, quien me capacita para toda buena obra, para hacer Tu voluntad, Señor. Ayúdame a vivir en el Espíritu Santo para no satisfacer los deseos de la carne, a caminar dando evidencias de Tu santificación, para formar en mí a Cristo. Recuérdame que en ti encuentro todo lo que necesito para vivir dándote gloria. Dame fuerzas para que, ante toda mentira de Satanás, pueda en Tus fuerzas y en Tu gracia obedecer para Tu gloria y mi gozo en ti.
En el nombre de Jesús.
Amén.

PEDIR POR LAS INJUSTICIAS EN EL MUNDO

Oración basada en Génesis 1-2; Romanos 8:18-24;
2 Corintios 5:17; Apocalipsis 21:1-6

Mi Dios:

Cuando pienso en Tu creación, veo lo hermosa que la has hecho, con sus colores y sus formas, y recuerdo que dijiste que era buena.

Al crear al hombre y a la mujer a Tu imagen y semejanza, declaraste que tu creación era muy buena, pero, después del pecado, todo se corrompió.

De ahí es que salen todas las injusticias y males; el corazón del hombre está lleno de maldad. ¡Oh, Padre! Qué difícil ver las injusticias con los niños, los ancianos, las mujeres y los hombres. Yo sé que estas injusticias no son parte de diseño para Tu creación; sé que son consecuencia del pecado. Veo Tu amor al no permitir que las injusticias sean mucho peores.

Gracias porque en Cristo has hecho todo nuevo; la creación espera su renovación, para un día mostrar sus nuevos cielos y la nueva Tierra. Un día esta nueva creación no será manchada por el pecado y sus injusticias. Hasta que llegue ese día, Señor, te pido para que sigas protegiendo y salvando cada vez más de Tus hijos. Danos paz en medio de las injusticias; que podamos confiar en que toda injusticia un día será traída a la luz y todo hacedor de mal dará respuesta ante ti.

En el nombre de Jesús.

Amén.

PEDIR PARA ESPERAR EN DIOS

Oración basada en Habacuc 1:2-3
Por Otto Sánchez

Señor mi Dios:

Acudo a ti porque estoy abrumado por la frustración y la impotencia. Los conflictos que a diario veo por todas partes me han llenado de desánimo y de ira. Cuando veo corrupción política e impunidad, injusticia social y falta de oportunidad, basuras en las calles e insalubridad, delincuencias y raterías, drogas y narcotráfico, me pregunto lo mismo que se preguntaba el profeta Habacuc: ¿hasta cuándo? ¿Hasta cuándo, Señor? No lo digo cuestionándote, mi buen Dios; muy por el contrario, acudo a ti porque Tú y solo Tú tienes el control de todo. No permitas que todos estos males me lleven a la desesperanza y al cansancio. Mi corazón espera en ti hasta que Tú hagas algo. Mi confianza está en ti porque Tú y solo Tú puedes transformar la amargura en gozo y el sufrimiento en esperanza. Tú eres mi fortaleza y mi refugio.

En el nombre de Jesús.
Amén.

PEDIR POR CATÁSTROFES EN EL MUNDO

Oración basada en Job 38–39; Lucas 8:22-25

Padre:

Tú estás siempre gobernando Tu creación; con Tu palabra creaste y con Tus palabras sostienes Tu creación. Nada de lo que sucede en Tu creación te toma por sorpresa ni escapa Tu voluntad. Tú conoces cuando un tornado se levanta, cuando un huracán se está formando, cuando la tierra tiembla, cuando cae la densa lluvia y la fría nieve. Tú sabes cuando un río está a punto de desbordarse, cuando en las profundidades del mar se forman estas grandes olas que dan lugar a un tsunami. Tú sostienes el sol en su lugar para no quemar ni congelar la Tierra. Todo esto es parte de Tu creación y cada una de estas cosas responde a ti. Por eso, Señor, solo a ti venimos como fuente de seguridad; venimos a ti para rogarte que calmes las aguas, los movimientos de la tierra, y que traigas paz. Señor, te pedimos que nos ayudes a entender Tu voluntad, Tus propósitos, porque detrás de toda Tu creación está el propósito de mostrar Tu gloria. Así que danos sabiduría para ver cualquier catástrofe como un medio para poner nuestra esperanza solo en ti. Tú eres nuestro refugio seguro, nuestros Dios que gobierna a nuestro favor en Cristo.

En el nombre de Jesús.

Amén.

PEDIR POR LAS GUERRAS EN EL MUNDO

Oración basada en Marcos 13:5-8; Efesios 1:13-14

Padre celestial:

Sabemos que en los últimos días se levantarán guerras entre diferentes países, y esto en Tu bondad nos has mostrado en Tu Palabra. Así que, Señor, te rogamos que tengas misericordia y mantengas la maldad entre los hombres. Señor, que como hijos que somos por Cristo, podamos confiar en que Tú regresarás por nosotros. Señor, nuestra esperanza no está en una paz terrenal sino en la eterna paz de Cristo. Nuestra esperanza no está en que somos herederos de esta Tierra, sino en que nos has sellado con el Espíritu Santo como garantía de la futura redención, para heredar los nuevos cielos y la nueva Tierra. Padre, que, en medio del conflicto, Tú fortalezcas a Tu iglesia; que seamos agentes para anunciar el evangelio de Cristo, que podamos ser de ayuda en un mundo de oscuridad.

Recuérdanos que estas guerras son causa del pecado, pero que hay una guerra mayor que ya fue ganada: la victoria de Cristo ante la muerte y el pecado, que ha puesto un fin seguro a Satanás. Tu iglesia vive en victoria, paz y gozo, aun en medio de las guerras.

En el nombre de Jesús.

Amén.

PEDIR POR LA FORTALEZA DE DIOS

Oración basada en Habacuc 3:17-19

Por Otto Sánchez

Padre celestial:

Las noticias no son buenas.

Los tambores de la guerra suenan sin parar. La economía y la prosperidad se alejan cada vez más de los que no tienen nada. Enfermedades y dolor veo a mi alrededor. Vengo delante ti con la certeza de que tienes control de todo. Estoy ante Tu presencia con la firme convicción de que nada escapa de Tu mano. Por eso, Señor, ten misericordia de mi nación. Señor, no sé cuántas veces te lo pediré, pero no me cansaré. ¡Oh, mi Dios! Espero por ese día en que tengamos mejores gobernantes y mejores ciudadanos. Por encima de los malos presagios, yo sé que nada escapa a Tu control.

Te pido que vengas y traigas días mejores a mi nación, pero, si esos días no llegan, te quiero pedir que, aunque lo pierda todo, aunque tenga que vivir en lodo, no permitas, Señor, que yo pierda el gozo. ¡Ayúdame, oh Dios! Cuando no tenga lo que necesito, que nunca deje de contemplar la belleza de Tu rostro. Tú eres mi gozo y mi fortaleza aunque no tenga lo que más quisiera.

¡Aleluya!

En el nombre de Jesús.

Amén.

PEDIR POR LA PERSEVERANCIA DE LA IGLESIA

Oración basada en Efesios 5:25-27; Judas 20–21

Nuestro Padre:

Sabemos que nuestro hogar no está en esta Tierra, que nuestra labor no es hacer de este mundo nuestra esperanza. En medio de nuestro pecado es fácil dudar de que llegaremos a ese lugar, cuando veo cómo fallamos como iglesia. Padre, recuérdanos que nuestra esperanza no está en nosotros, sino en ti, que las obras que prometen llevarnos a gloria no son las nuestras, sino las de Cristo.

Si Cristo murió para darnos salvación segura, entonces, Cristo es quien nos presentará ante el Padre. Por eso, Señor, te pedimos que aumentes nuestra fe en Cristo, que en momentos de dudar si Tu iglesia permanecerá, nuestros ojos estén en Cristo. La garantía de que estaremos por la eternidad contigo es que Cristo mismo nos guarda y nos presentará ante Tu trono celestial, sin mancha ni arruga, ni cosa semejante. Porque es a ti, Dios Padre de Jesucristo, que damos gloria, porque eres el único poderoso para sostenernos sin caída.

Así que, Señor, ayúdanos en nuestro caminar a confiar en que estás obrando día a día en nosotros para hacer Tu voluntad, porque somos Tus hijos en Cristo.

En el nombre de Jesús.

Amén.

PEDIR POR EL REGRESO DE CRISTO

Oración basada en Juan 14:3; Hechos 1:10-11

Mi Padre:

En todo tiempo deseo Tu regreso. Es mi anhelo más grande verte, estar ante Tu presencia sin pecado y conocerte por el resto de la eternidad. Mi Señor, deseo que regreses porque no quiero pecar más, sino que anhelo amarte sin pecado en mí.

¡Oh, regresa pronto!

También al ver tanta maldad, dolor, injusticia y burla a ti, mi deseo es que vengas y pongas fin a estas cosas. Señor, mientras espero que Tú regreses, sé que me has llamado a ser un discípulo que haga discípulos Tuyos. Por lo tanto, ayúdame a ir y hacer discípulos que obedezcan Tu Palabra. Venga Tu reino, ya que Cristo lo inauguró y con Él la salvación es segura. Que Tu reino llegue a lugares en donde Cristo no ha sido predicado. Moviliza a Tu iglesia a predicar el evangelio mientras con gozo esperamos Tu venida. Que Tu iglesia sea conocida como aquella que espera con ansias la venida segura de su Salvador Jesús, pero también que sea conocida por su amor hacia un mundo sin esperanza fuera de Cristo. ¡Cuán maravilloso será Tu regreso! De principio a fin, Tú has deseado estar con Tu pueblo, y el regreso de Cristo es, precisamente, para llevarnos a Tu lado.

En el nombre de Jesús.

Amén.

CAPÍTULO VII:

ORANDO LAS PALABRAS DE DIOS EN SU PALABRA

RELACIÓN CON DIOS

Oración basada en el Salmo 116 (vv. 1-2,7,17-18)
Por Timothy Keller

Versículos 1 y 2: Te amo, Señor, pues cuando te pedí misericordia, Tú me la diste. Señor, Tú lo has hecho una y otra vez. Y, por eso, Señor, nunca dejaré de depender de ti, nunca. No hay otro lugar a donde pueda ir, ningún otro lugar a donde deba ir. (Oración parafraseada).

Versículo 7: Oh Señor, mi corazón no descansa en Tu bondad y nunca encuentra consuelo tan profundo como debería encontrarlo por Tu gracia. Es demasiado inquieto. Ayúdame a conocerte. La oración permite que Tu bondad sea tan real en mi corazón que esté completamente en paz. (Oración de respuesta).

Versículos 17-18: Te ofreceré un sacrificio de gratitud e invocaré, Señor, Tu nombre. Viviré una vida coherente con mi bautismo, con mi membresía en Tu iglesia. No lo haré solo, sino en la comunidad de Tu pueblo. (Oración textual, ligeramente parafraseada).

ADORACIÓN

Oración basada en Salmos 57:7-11

Padre celestial:

Mi deseo es orar conforme a Tu Palabra, y mi oración, Señor, es que me ayudes a vivir una vida de adoración. Tal como dice Tu Palabra:

«Firme está mi corazón, oh Dios, mi corazón está firme; ¡cantaré y entonaré salmos!

¡Despierta, gloria mía!

¡Despertad, arpa y lira!

¡A la aurora despertaré!

Te alabaré entre los pueblos, Señor; te cantaré alabanzas entre las naciones.Porque grande, hasta los cielos, es Tu misericordia, y hasta el firmamento Tu verdad. Exaltado seas sobre los cielos, oh Dios; sobre toda la Tierra sea Tu gloria». Dios, que este salmo sea una realidad en mi vida.

Por Tu gracia en Cristo.

En el nombre de Jesús.

Amén.

SALVACIÓN

Oración basada en 1 Pedro 1:17-22

Padre celestial:

Tu salvación es poderosa.

Ya que la has comprado en Cristo y me has salvado.

Ayúdame por Tu Espíritu a recordar que diste a Tu Hijo por mí.

Por lo tanto, mi esperanza está en ti. Como Tú dices por medio de Pedro: «Y si invocáis como Padre a aquel que imparcialmente juzga según la obra de cada uno, conducíos en temor durante el tiempo de vuestra peregrinación; sabiendo que no fuisteis redimidos de vuestra vana manera de vivir heredada de vuestros padres con cosas perecederas como oro o plata, sino con sangre preciosa, como de un cordero sin tacha y sin mancha, la sangre de Cristo. Porque El estaba preparado desde antes de la fundación del mundo, pero se ha manifestado en estos últimos tiempos por amor a vosotros que por medio de El sois creyentes en Dios, que le resucitó de entre los muertos y le dio gloria, de manera que vuestra fe y esperanza sean en Dios».

¡Oh, sí Señor! En ti están mi fe y mi esperanza.

En el nombre de Jesús.

Amén.

FRUTOS DE SALVACIÓN

Oración basada en Gálatas 5:22-26

Mi Padre:

Ya que Cristo me ha salvado, quiero vivir para ti.
Así que, permíteme ver fruto y evidencias de Tu salvación
en mí. Que pueda ver la obra del Espíritu Santo, como
dice Pablo: «Mas el fruto del Espíritu es amor, gozo, paz,
paciencia, benignidad, bondad, fidelidad, mansedumbre,
dominio propio; contra tales cosas no hay ley. Pues los que
son de Cristo Jesús han crucificado la carne con sus pasio-
nes y deseos. Si vivimos por el Espíritu, andemos también
por el Espíritu. No nos hagamos vanagloriosos, provocán-
donos unos a otros, envidiándonos unos a otros».

Confiado estoy en que Tú, Jesús, eres el autor y
consumador de mi fe.

En Tu nombre oro, Jesús.

Amén.

CUIDADO MUTUO

Oración basada en Colosenses 3:12-17

Mi Padre:

Qué gran bendición es ser parte de Tu iglesia y crecer junto con mis hermanos. Te pido que nos ayudes por Tu Espíritu a vivir conforme a la unidad que Cristo ha comprado. Que vivamos lo que Pablo dice: «Entonces, como escogidos de Dios, santos y amados, revestíos de tierna compasión, bondad, humildad, mansedumbre y paciencia; soportándoos unos a otros y perdonándoos unos a otros, si alguno tiene queja contra otro; como Cristo os perdonó, así también hacedlo vosotros. Y sobre todas estas cosas, vestíos de amor, que es el vínculo de la unidad. Y que la paz de Cristo reine en vuestros corazones, a la cual en verdad fuisteis llamados en un solo cuerpo; y sed agradecidos».

Que así sea para Tu gloria.

En el nombre de Jesús.

Amén.

PERSEVERANCIA

Oración basada en Judas 24-25

Mi Padre amado:

Tú eres el único poderoso para guardarnos.

Así que, ayúdanos a creer lo que Judas dice en cuanto a Tu poder:

«Y a aquel que es poderoso para guardaros sin caída y para presentaros sin mancha en presencia de su gloria con gran alegría, al único Dios nuestro Salvador, por medio de Jesucristo nuestro Señor, sea gloria, majestad, dominio y autoridad, antes de todo tiempo, y ahora y por todos los siglos. Amén».

Confiamos en Tu promesa de sostenernos hasta el fin, para estar contigo en gloria.

En el nombre de Jesús.

Amén.

CONCLUSIÓN

¡Cuán glorioso es nuestro Dios! Él nos ha llamado en Cristo para salvación y para así poder ser reconciliados con Él y tener acceso a Su trono de gracia día a día. El poder entrar a Su trono por gracia en Cristo nos permite reconocer que podemos acercarnos a Él en oración, sin temor ni sombra de duda. Nos acercamos a Él sabiendo que Su presencia ya reside en nosotros por medio del Espíritu Santo, así que podemos hablar con Él con libertad porque lo conocemos.

Que Dios, en Su gran amor y gracia para contigo, te guíe en esta continua búsqueda del gozo verdadero en Él a través de una íntima relación con Él. Disfrutemos que podemos hablar con el Creador Soberano, Aquel que no tiene principio ni fin. Que, mientras conversamos con Él, aprendamos que estamos siendo sostenidos por Jesús. Que, en nuestra conversación con Él, nos demos cuenta de que solo porque el Señor tomó la iniciativa es que podemos hablar con Dios.

Al despertar recuerda que Dios te dio vida para que te levantes de la cama y vengas a Él porque te ha despertado para hablar contigo. Recuerda que el salmista decía que cada mañana se renueva la misericordia de Dios para que por la noche cantemos de Su fidelidad.

Que, cuando veas Su provisión en la mesa, puedas alzar tu mirada con acción de gracias a Él por proveer la comida día tras día.

Que cuando salgas de tu casa confíes en que está guiando tu vida. Así que, no dejes de hablar con Él para que se haga presente ese día en tu vida, como tu Padre bueno y amoroso.

Que durante una dificultad o una alegría puedas mirar a Dios en Cristo, y por el poder del Espíritu Santo ores dando toda gloria a Dios porque dependes completamente de Él.

Que al anochecer recuerdes que Él no se cansa ni duerme, por eso confías en que Él sostendrá tu vida de día y de noche. Así que, confía en Él y ora para que puedas descansar en Aquel que gobierna todo y obra todo para tu gozo y tu bien.

Usa toda circunstancia para hablar con Él y que te demuestre que la oración es una dulce disciplina que trae un gozo eterno y seguro en Cristo. Que ayudes a otros a ver la oración como una muestra de la gracia de Dios para con Su pueblo y el medio por el cual Dios escucha y responde conforme a Su voluntad.

¿Quién tiene el gozo de hablar con Dios? Tú por Cristo y para Cristo. ¡Sí! Habla con Él, conócelo y glorifícalo en la gracia que solo Él te ha dado y te da por medio de Su Espíritu Santo.

¿Estás listo para hablar con Él día a día? ¿Estás listo para conocerlo más y más? Entonces, vayamos a Él juntos en oración:

Padre:

Gracias por darnos este libro para aprender sobre la oración y para descubrir que la oración es un medio para conocerte más.

Que en los días que vienen, Tú nos ayudes a crecer en el deleite de la oración; que te muestres como nuestro Padre que desea hablar con nosotros y escucharnos.

En el nombre de Jesús.

Amén.

ÍNDICE DE CONTRIBUYENTES